Lo que Dios Puede Obrar

Con una Vida Rendida

Diane Profet

Contents

Mi vida...

Mi vida ha sido un hermoso rompecabezas creado y armado por el Mismísimo Padre. Cada cosa que ha sucedido fue orquestada por Dios para Su propósito y Su gloria. Mi vida está destinada a manifestar la belleza de Dios. Fui creada para alabarlo cada minuto en el que respiro el aliento de la vida. Todos los días contaré las cosas maravillosas que Él ha obrado en mí y a través de mí.

Deseo que al leer estas palabras te sientas animado e inspirado por mi vida.

"Se hablará del esplendor de tu gloria y majestad
y yo meditaré en tus obras maravillosas".

— Salmos 145:5 (NVI)

Capítulo 1
Infancia

Para comprender todo lo que Dios ha obrado, debemos empezar por el principio. Mi infancia estuvo marcada por adversidades, dificultades y pruebas. El abandono plagó mi vida cuando era tan solo una niña.

Mi padre estadounidense conoció a mi madre mexicana en México; él no sabía hablar español y ella tenía un inglés muy básico. Sin embargo, se casaron y comenzaron una vida juntos, primero en México y luego, tras el nacimiento de mi hermana, en California. Al parecer, en aquella época en  Estados Unidos, no querían que se enseñara la lengua materna a los hijos, o al menos eso le dijeron a mi madre los responsables del colegio al que había empezado a asistir mi hermana mayor, que hablaba en "spanglish", una mezcla de español e inglés. "Estás en Estados Unidos, no hables español con tus hijos", le dijeron. Así que mi madre tuvo que mejorar su inglés y, desde ese entonces, intentó hablarnos solo en inglés.

Mis padres tuvieron cuatro hijos: mi hermana Judy era la mayor, después venía Harvey, luego yo y por último mi hermano Steven.

A medida que fuimos creciendo, mi madre nos hablaba en inglés a mis hermanos y a mí. El único momento en que no usaba el inglés era cuando estaba enfadada, ahí solo hablaba su español nativo. Cuando se enojaba, nosotros lo sabíamos muy bien, y por algún motivo comprendíamos cada palabra en español.

MY MOTHER

Capítulo 2
Mi madre

Mi madre, María del Carmen, nació y se crio en Acaponeta, Nayarit, México, y pasó por muchas pruebas y tragedias antes de que yo naciera. Era gemela, pero su hermano murió al nacer. Muchos años después, mi madre también perdió gemelos.

Nunca conocí a la madre ni al padre de mi madre. Mi abuela y su marido tuvieron ocho hijos, pero su esposo murió trágicamente tras recibir la patada de un caballo y desangrarse. Repentinamente mi abuela se quedó sola criando a ocho hijos y viviendo en un rancho. Poco tiempo después, se involucró con un hombre casado (él fue el padre de mi madre) y juntos tuvieron a mi madre, que fue su novena hija. Sin embargo, la esposa celosa de este hombre quería matar tanto a mi madre como a mi abuela.

Mi abuela murió cuando mi madre tenía tan solo ocho meses. Pareció tratarse de un acto intencional; algunos creen que pudo haber sido envenenada.

Mi madre era católica y conocía al Señor. Realmente creo que le entregó su corazón a Él. A una edad temprana, mi madre se enamoró y decidió casarse. En una oportunidad, me dijo que nunca había tenido una vida feliz debido al trauma y a sus problemas de salud (como las terribles migrañas que la postraban en la cama durante varios días). Estaba lista para encontrar la felicidad y casarse con el hombre que amaba. Sin embargo, sus hermanas mayores no lo aprobaban y no querían que se casara con él, así que la alejaron de aquella zona de México. Muchos, muchos años después, ambos volvieron a ponerse en contacto. Ella sentía un gran entusiasmo por volver a encontrarse y casarse con él, pero antes de que pudieran hacerlo, él sufrió un infarto y murió. Ella quedó devastada y, una vez más, soltera.

Mi madre me habló de su padre, mi abuelo, a quien nunca conocí. Era el presidente de todos los ranchos y su hermano era el embajador de México. De niña nunca pasó penurias. Cuando necesitaba algo, simplemente compraba a crédito en las tiendas diciendo su nombre y su padre lo pagaba. Todas las tiendas lo conocían, ya que era un hombre muy rico. Mi madre decía que en aquel entonces no sabía lo que era desear algo.

Tras la muerte de mi abuelo, mi madre tuvo una vida muy dura. Cuando era adolescente, un sicario se le acercó y le dijo: "Si me pagas más, no te mataré". Su vida había sido tan triste que simplemente respondió: "Hazlo". El sicario empezó a temblar y luego huyó. Poco tiempo después, mi madre se marchó de esa zona de

México para alejarse de todo el dolor y los problemas que había atravesado.

Muchos años más tarde, mi abuelo le dejó todo su rancho a mi madre, pero ella me contó que se lo cedió a los hijos de su padre, sus medio hermanos, quienes habían administrado el rancho durante años.

Tengo el recuerdo de mi madre cocinando. Hacía tortillas caseras y preparaba un montón de frijoles y arroz. (Yo no sabía lo que eran las verduras). Iba al supermercado y veía los coliflores ¡y pensaba que eran flores procesadas! Parece una tontería, pero la primera vez que vi un brócoli no sabía lo que era, simplemente no podía entenderlo. Pero una vez, cuando tenía 16 años, fui a una fiesta en la que había una bandeja de verduras, y ahí fue cuando las probé por primera vez. Cada vez que ahorraba dinero, compraba verduras porque no me gustaban mucho los dulces. Aprendí a cocinarlas al vapor y a añadirles mantequilla, ¡quedaba riquísimas! Me gustaban muchísimo. Fue recién cuando estuve en el Rancho Sommer Haven y conocí a la Hermana Agnes que descubrí las espinacas y todos los diferentes tipos de verduras.

MY FATHER

Capítulo 3
Mi padre

Mi madre se mudó desde el sur profundo de México a la zona fronteriza cerca de Arizona, donde vivían muchos de sus medio hermanos, y allí conoció a mi padre. Mi padre, Monnie Curtis Watson, tenía unos 45 años y mi madre 19 cuando se conocieron. Quizás ella buscaba una figura paterna cuando él entró en su vida.

Mi padre había nacido en Texas, pero vivía en Calexico, California, y era propietario de una empresa maderera que transportaba madera desde Calexico hasta San Luis, México, justo al otro lado de la frontera con Arizona, donde vivía mi madre. Había estado casado anteriormente y tenía varios hijos, todos mayores que mi madre. Mi padre y mi madre se casaron y mi hermana, su primera hija, nació en México en 1958. Poco tiempo después, sin embargo, mi padre y mi madre se mudaron a Victorville, California, para empezar una nueva vida. La ciudad era pequeña en aquella época, a principios de los años sesenta, cuando yo nací, y solo tenía una tienda de comestibles, pero creció bastante cuando me fui de casa en 1981.

Tengo pocos recuerdos de mi padre. Uno de ellos era que tenía caspa, entonces se sentaba en la silla y me daba veinticinco centavos para que se la sacara con el peine. En otra oportunidad, recuerdo que mi madre le pidió a mi padre que comprara tamales en un restaurante mexicano. Él los trajo a casa, pero no le habían dado la cantidad correcta. Yo lloraba porque quería los tamales que faltaban. Pero mi padre se enfadó tanto que me dijo: "Más te vale que te los metas todos en la boca". Hasta llegó a decirme que lo hiciera rápido.

Mi madre me contó una historia que mi padre le había compartido sobre su servicio miliar durante la Segunda Guerra Mundial. Se encontraba en un barco de la Marina y era un muy buen artillero antiaéreo, y estaba justo en ese puesto cuando su barco fue alcanzado por los disparos de un avión japonés. Mi padre recibió uno de los disparos, pero esa herida no lo inmovilizó, así que después de vendarlo, lo volvieron a ubicar en su puesto porque era realmente muy bueno.

Los ataques japoneses habían inmovilizado a todos los sistemas del barco (no tenían energía, propulsión ni comunicación) y sus tripulantes estaban a la deriva en algún lugar del océano Pacífico. Se estaban quedando sin comida y sin agua, y recuerdo que mi madre decía que ellos sabían que estaban perdidos, porque se estaban quedando sin municiones y seguían teniendo que defenderse de los aviones japoneses. Entonces, como si fuera un milagro, vieron un avión militar con una estrella blanca pintada bajo el ala: ¡un avión estadounidense los había localizado! Luego llegaron otros aviones estadounidenses y les lanzaron suministros. Toda la tripulación del barco se arrodilló para dar gracias a Dios por haberles salvado la vida, ya que habían estado tan cerca de la muerte.

Durante mi primera infancia, mi padre era dueño de una emprendimiento de techado en Victorville y tenía una empresa mayorista que llamaba Maria Wholesale. Papá había hecho un trabajo de techado para la Base de la Fuerza Aérea George, pero instaló el material equivocado y la base militar se negó a pagarle por el trabajo. En ese momento, mi padre se declaró en bancarrota y ya le debía tanto dinero al IRS (Servicio de Impuestos Internos) que decidió abandonarnos y desaparecer a un lugar donde el IRS no pudiera encontrarlo. Estas son algunas cosas que supe sobre mi padre y, aún hoy, me gustaría saber más.

Mi padre abandonó a nuestra familia cuando yo tenía 6 años. Recuerdo que ese día, papá se estaba recuperando de una operación de hernia, pero hizo las maletas y dijo que se marchaba. Mi hermano se subió al coche e intentó esconderse para poder irse con él, pero mi padre lo sacó y se despidió de nosotros. Le dio a mi madre 200 dólares y luego le dijo a mi hermano de 8 años que ahora él era el hombre de la casa y se marchó en nuestro coche familiar. Nunca más volvimos a verlo. Por años no supimos ni tuvimos noticias de él, ni sabíamos si estaba vivo o muerto; no teníamos idea de lo qué había pasado. Mi padre nunca volvió a comunicarse con nosotros; nunca llamó, nunca envió una carta, nada. Mi madre pensó que él creía que estaríamos mejor sin él, porque posiblemente el IRS lo estaba buscando. Quizás pensaba que no podía ofrecernos un futuro.

De todos modos, cuando papá nos abandonó, el banco vino a embargar casi todo lo que teníamos, incluso nuestra casa. El señor del banco se compadeció de mi madre y le dijo: "Puede quedarse con la camioneta". Además de la vieja camioneta, nos dejaron algunos muebles y otros objetos sin valor.

Tuvimos que mudarnos desde la parte más bonita de Victorville hacia una zona muy pobre de la ciudad. Recuerdo que en nuestro nuevo barrio se veían heces en las paredes y cucarachas en los zapatos. Mi madre tenía una amiga mexicana que nos alquiló una casa en el gueto. Cuando llegaba a casa, veía los ojos de mi madre hinchados de tanto llorar. Ella solicitó la ayuda social porque era la única forma de sobrevivir. Recuerdo la alegría que sentíamos cuando íbamos a recoger los alimentos del programa, mi favorito era la carne enlatada. La usábamos para hacer tacos de pollo y ternera, y luego comprábamos queso para añadirle.

En aquella época, mi madre limpiaba casas y planchaba ropa para ganar un poco de dinero. Consiguió un trabajo en el Motel 6, pero tenía una hernia y también sufría migrañas muy fuertes que la dejaban en cama durante una semana, y no podíamos hacer ruido ni encender la luz.

En aquel entonces, cuando era niña, cada vez que pensaba en mi padre, imaginaba que era un vagabundo deambulando por algún lugar. Siempre miraba a los hombres sin hogar preguntándome si podrían ser mi padre. Años más tarde, descubrimos que él había fallecido y eso fue un alivio, como si pensara: "Bueno, ahora sé dónde está".

Mi padre murió en 1975, cuando yo tenía 13 años, y en ese momento supe que se había ido para siempre. Fue un día que nunca olvidaré. Un familiar nos envió un artículo de periódico en el que se describía la muerte de mi padre en una carretera principal cerca de El Centro, California, con una foto de las gafas de mi padre en la cuneta con un círculo dibujado con tiza alrededor. Todavía recuerdo las gafas de mi padre, eran las que siempre llevaba puestas.

Papá había muerto atropellado por un coche mientras cruzaba la carretera cerca de su puesto de fruta. Mi madre y todos nosotros, los niños, lloramos sin parar cuando recibimos la noticia. Yo me sentí totalmente paralizada. Recordé el día en que papá nos dejó, siete años antes, el último día que lo vi. Mi hermano pequeño era tan solo un bebé cuando papá se marchó de casa y no lo recordaba, pero mi hermana, que tenía nueve años, conservaba vívidos recuerdos de él.

Muchos años después, ella sintió un fuerte impulso de encontrar la tumba de mi padre. Investigó y descubrió que estaba enterrado en un cementerio de El Centro y fue hasta allí para decirle que le perdonaba por haberla abandonado a ella y a toda nuestra familia. Cuando estaba en el cementerio, mi hermana no tenía ni idea de cuál de las miles de tumbas era la suya. De repente, apareció un joven y le preguntó si necesitaba ayuda. Mi hermana le dijo que estaba buscando la tumba de su padre y el hombre le preguntó su nombre. Ella se lo dijo y el hombre inmediatamente respondió: "Oh, venga, está enterrado aquí". Llevó a mi hermana directamente hasta la tumba de mi padre y, cuando ella se dio la vuelta para darle las gracias, el hombre había desaparecido, se había esfumado en medio de un cementerio grande y abierto. Ella concluyó que se trataba de un ángel.

Última foto familiar

Mi madre acudió a presentar una reclamación tras la muerte de mi padre para recibir las prestaciones correspondientes, ya que él había sido veterano de guerra. Le dijeron: "Ah, usted es la verdadera esposa". Al parecer, mi padre se había vuelto a casar ilegalmente y su esposa ilegal también había intentado reclamar las prestaciones, pero no sabía nada del pasado de mi padre. Sin embargo, mi madre sí sabía todo sobre él y respondió correctamente todas las preguntas que le hicieron los funcionarios de la Administración de Veteranos, por lo que le concedieron las prestaciones de mi padre. Ella no se había divorciado de mi padre ni se había vuelto a casar. Estábamos muy contentos con las prestaciones, porque por fin podíamos comprar ropa adecuada y tener más de tan solo dos conjuntos.

Todavía pienso en cuando falleció mi padre. Oro que se haya ido con el Señor. Nunca se sabe lo que ocurre en los últimos momentos de la vida de una persona.

Cuando tenía 16 años, encontré una Biblia y le pregunté a mi madre: "¿Qué es esto?". Ella me respondió: "Era la Biblia de tu padre, era metodista". Y me dijo que él siempre decía: "Has llevado a los niños a la Iglesia católica, pero dos de mis hijos servirán al Señor".

> Padre de huérfanos y defensor de viudas es Dios
> en su morada santa.
>
> — *Salmos 68:5 (NVI)*

Capítulo 4

Mis días en la escuela y mi familia

La escuela... Creo que tenía un bloqueo mental, tal vez debido al trauma que sufrí de niña.

En la escuela siempre estaba en clases especiales, incluso de fonoaudiología, porque la lengua materna de mi madre era el español y yo mezclaba ambos idiomas y pronunciaba mal el inglés. Había muchas palabras que no podía pronunciar correctamente porque aprendí a pronunciarlas como las decía mi madre, quien no las expresaba correctamente. Y así era como yo las pronunciaba. Parecía que tenía cierta dificultad, como un bloqueo mental. Se ofrecían

De adolescente con mi perro

programas para niños con dificultades de lectura, ortografía, habla y todo lo que se te pueda ocurrir.

Por alguna razón, mi vida era diferente a la de mis hermanos y hermanas; no sé por qué. Recuerdo que mi madre me decía: "Ojalá nunca hubieras nacido". "Nunca te quise". "Nunca quise tener una niña". Ahora, cuando lo recuerdo, me pregunto qué habrá pasado ella como mujer y como niña. Pero cuando eres niño y oyes esas palabras, sientes rechazo. Solo ves las cosas tal y como son en ese momento y no viendo lo que Dios tiene reservado para ti en el futuro.

Mi hermano Harvey era muy abusivo conmigo y era el líder de una pandilla. Era un año y tres meses mayor que yo y me hacía cosas como cortarme el pelo y pegarme chicles en el cabello. Si yo estaba viendo la televisión, él venía y cambiaba de canal, era horrible. Hacía cualquier cosa que me atormentara. A veces, cuando llegaba a casa, estaba drogado por inhalar pintura. Llegaba drogado, a las dos o tres de la madrugada. Recuerdo que golpeaba las paredes diciendo: "Te voy a matar. Te voy a matar". Gritaba y gritaba. Era aterrador. Quizás era solo el diablo que quería destruirme.

Mi hermano Steven era unos cinco o seis años menor que yo y, debido a la diferencia de edad, nunca fuimos muy unidos. Yo ya me había ido de casa cuando él era pequeño, así que no crecimos juntos. Nació justo antes de que nuestro padre se marchara, por lo que nunca llegó a conocerlo.

¡Steven tenía mucha personalidad! Nos reíamos de él porque mi madre tenía que esconderle los dulces Twinkies, que le encantaban. Se convirtió al cristianismo a una edad temprana y sintió la llamada para ser pastor juvenil. Así que fue a la universidad de las Asambleas de Dios, se graduó y se convirtió en pastor juvenil, y ahora es pastor principal de una iglesia en McKinney, Texas, y también es entrenador de béisbol de la Universidad de las Asambleas de Dios en Texas.

Mi hermana Judy era muy inteligente y logró muchas cosas. Con el tiempo se convirtió en profesora; todo parecía resultarle fácil. En mi caso, por mucho que estudiara para un examen, siempre reprobaba. Estudiar, hablar en público y las matemáticas me resultaban muy difíciles.

Mi madre nunca me dejaba pasar la noche en casa de nadie. Era muy protectora en ese sentido. Una noche, creo que tenía 14 años, me dijo que podía pasar la noche en casa de su amiga, quien era una anciana. Esa noche, las pandillas dispararon contra nuestra casa y volaron la gran  ventana delantera, que estaba justo encima del sofá donde yo siempre dormía. Podría haber resultado herida, pero Dios me protegió: su mano estaba posada sobre mí incluso en aquel entonces. En ese momento, yo no lo veía así. No le di las gracias a Dios ni le dije: "Vaya, me has protegido". Dormía en el sofá porque mi hermano me había echado de mi habitación para poder meter allí a su novia. Sin embargo, él es la prueba fehaciente de que Dios puede acoger a los pecadores y redimirlos.

Cuando estaba en el Rancho Sommer Haven, recuerdo que orábamos e intercedíamos por él. En ese momento no lo sabíamos, pero orábamos e intercedíamos, y Dios siempre intervenía. Dios conoce tus oraciones incluso antes de que pronuncies una palabra.

Una vez, en México, cuando mi marido y yo éramos misioneros y vivíamos cerca de San Quintín, en Baja California, el Señor nos impulsó a mi marido y a mí a volver al centro misionero del Rancho Sommer Haven. No llevaba ni una hora allí cuando recibimos una llamada de un familiar que nos dijo: "Tu hermano no va a sobrevivir, está en coma por una sobredosis". Recuerdo que mi marido, Jamie, y yo fuimos allí y oramos por mi hermano, y el Señor lo resucitó. Muchas veces oramos e intercedimos, y Dios intervino.

En otra ocasión, mi hermano llegó a encerrarse en el baúl de un coche. No quería vivir. Pensamos que se le había apoderado el espíritu suicida. En aquel momento, yo estaba en nuestro nuevo centro ministerial y recuerdo que me encontraba en la cocina. De repente sentí algo en mi corazón y dije: "Tengo que irme". Fui a mi casa y comencé a guerrear contra el espíritu de la muerte. No me habían dicho que mi hermano había desaparecido, a pesar de que habían enviado un helicóptero de la policía a buscarlo. En el momento de nuestra oración e intercesión, su esposa salió al coche y lo vio moverse ligeramente. Harvey se había encerrado en el maletero, pero Dios le salvó la vida.

"...La oración ferviente de una persona justa tiene mucho poder y da resultados maravillosos".

— Santiago 5:16 (NTV)

Una vez le dije a mi hermano: "Sabes, Dios te ha salvado la vida tantas veces a través de la oración y la intercesión. ¿Por qué no le entregas tu vida a Dios?". Harvey respondió: "No estoy preparado para entregarle mi vida". Unos pocos meses después del incidente del baúl, me llamó y me dijo: "Diane, he recibido a Cristo en mi vida. No sé por qué me ha costado tanto tiempo". Poco tiempo después, mi marido, mis hijos y yo fuimos a visitarlo. Vivía en un apartamento y había llenado la nevera con comida para nosotros, nos había cedido su habitación y me trataba como a una reina. Era un hombre completamente diferente.

Recientemente recibí una llamada de mi hermano Harvey. Me dijo: "Solo quiero que sepas que todas esas veces que fui malo contigo cuando éramos adolescentes fue porque quería asustarte, porque no quería que siguieras mis pasos, ya que estabas empezando a tomar el camino del mal, como yo". Cuando era adolescente, no entendía por qué él hacía esas cosas. Siempre sentía que me odiaba. Esa llamada telefónica sanó mi corazón y comencé a llorar profundamente. Luego, después de que se convirtió, comenzó a traer a todos sus amigos. Me dijo: "Sabes, Diane, cuando subes estos escalones, es como si Jesús estuviera subiéndolos". Yo sabía se trataba de la presencia de Dios. Me dijo: "Nunca he conocido a una mujer más santa que tú". ¡No podía creerlo! ¡Era mi hermano! Y traía a sus amigos, orábamos por ellos y les ministrábamos. Ahora mi hermano y yo somos muy unidos.

Mis hermanos

Nunca supe nada sobre la historia familiar de mi padre; no puedo remontarme más allá de él, excepto que oí que tenía ascendencia cheroqui. Sí conocí a algunos de mis primos y a mis medio hermanos, así como al hermano menor de mi padre, a quien a veces visitábamos cuando era pequeña en su granja cerca de Madera. En el año 2015, mi marido y yo fuimos a visitar al Tío Short a un asilo en Fresno, donde residía con 94 años. Tenía la mente muy lúcida y recordaba con gran detalle el barco de la marina en el que sirvió durante la Segunda Guerra Mundial.

Mi marido le habló de Cristo, pero el Tío Short no parecía dispuesto a seguir ese camino y hablaba de otras cosas. Nos dijo en aquel entonces que pensaba que podría llegar a los 100 años. Dos semanas después falleció, víctima de la neumonía que empezaba a afectarlo el día que lo visitamos.

Muchos años antes de aquella ocasión, asistí a la boda de una prima en Madera, California. Era pariente de mi padre. Como eso sucedió a finales de la década de 1990 y mi prima era vaquera, decidí vestir a mis cinco hijos con trajes de vaqueros.

Mientras estábamos allí, llevé a mis hijos al baño y una mujer que no conocía, y que descubrí era otra prima, comenzó a profetizarme. Me dijo: "Tú eres la elegida. Tú eres la que construirá la casa de Dios". Luego miró a todos los invitados de la boda y lo repitió en voz alta para que todos lo oyeran. Y dijo: "Si alguien tiene dinero, que se lo entregue". Durante un tiempo, nos enviaba 100 dólares al mes. Antes de morir, el Tío Short me dijo que esa prima también había fallecido.

Entonces pensé que alguien, en algún lugar, oraba por nuestra familia. Me enteré de que mi abuela paterna era una mujer creyente y devota, y estoy segura de que recibí la gracia de Dios a través de sus oraciones.

"Él sana a los de corazón quebrantado y les venda las heridas".

— Salmos 147:3 (NTV)

Capítulo 5
Mi tía

Cuando era joven, asistí a un programa de verano que ayudaba a los adolescentes que no tenían padre a encontrar trabajo.

Trabajé para el Ejército de Salvación y también en una piscina. Así fue como pudimos comprar nuestra ropa para el colegio. Trabajaba y estudiaba, y tenía poco tiempo para otras cosas. Luego, a los 14 años, mi madre me llevó al sacerdote para averiguar qué se necesitaba para convertirme en monja.

Quizás debido a las condiciones en las que vivía, comencé a rebelarme. Me puse a pensar que quería irme a vivir con mi tía, que residía en Tucson, Arizona. Cuando a un joven se le mete algo en la cabeza, hace todo lo posible por conseguirlo. Yo luché con todas mis fuerzas y mi madre no sabía qué más hacer conmigo, así que me dijo: "Está bien, te enviaré a Arizona".

Mi tía era la media hermana de mi madre, y practicaba la brujería y lanzaba conjuros. Cuando fui a vivir con ella, empezó a enseñarme y a entrenarme en todas sus prácticas para que fuera una líder "espiritual" en la familia. La gente le pagaba para que lanzara conjuros a sus enemigos. Me quedé con ella durante unos nueve meses y luego mi madre me permitió volver a casa.

Ya sabes, en la cultura mexicana existe lo que se denomina magia blanca, que consiste en disipar los poderes o conjuros que te han lanzado. Así que, si alguien le lanzaba un conjuro a alguien, mi madre iba a limpiarlo y romperlo. Mi madre hacía magia blanca y mi tía, magia negra. Por eso volví a casa de mi madre. Sin embargo, después de aquellas experiencias con mi tía, estaba hecha un desastre, como te puedes imaginar. Sin embargo, había algo en mi interior, en lo más profundo, que me llamaba y me empujaba hacia Dios. Siempre decía: "Si Dios existe, quiero conocerlo".

Cuando regresé a casa, las cosas no mejoraron demasiado. Empecé a vivir una vida de fiesta. Había aprendido algo de eso en Arizona y, como aparentaba tener 18 años, me permitían entrar en los bares. Comencé a vivir una vida de fiesta y eso me llevó a consumir drogas que había dicho que jamás consumiría. Tomé caminos que me había prometido nunca tomar. También empecé a fumar, porque mi madre era fumadora. Fumaba y luego iba a la iglesia católica y confesaba mis pecados. Ansiaba desesperadamente la libertad, pero la buscaba en todos los sitios equivocados.

Capítulo 6
Mi vida es tuya

Como me crie en el catolicismo, acudía al sacerdote y le confesaba mis pecados. Él me decía que rezara una determinada cantidad de Ave Marías y Padrenuestros, entonces los repetía y luego volvía a hacer lo mismo que antes, a cometer los mismos pecados. No había encontrado la libertad ni la paz. Me sentía impotente y no era libre.

Una noche, cuando tenía 16 años, un amigo me invitó a una iglesia cristiana. Fui al servicio y el pastor dijo: "¿Alguien necesita una oración?". Me acerqué al altar y el pastor me dijo: "Di esta oración". Repetí la oración y le pedí a Jesús que entrara en mi corazón; le pedí que lavara mis pecados. Y entonces sucedió algo. De pronto todos comenzaron a abrazarme y sentí algo diferente. Dije: "¡Vaya, nunca había experimentado este amor!". Me fascinó y en ese momento me di cuenta de que los deseos mundanos ya no estaban allí. Dios se llevó todos mis deseos después de orar en el altar. El anhelo de beber alcohol y consumir drogas había desaparecido. Antes de recibir a Cristo, no quería vivir. Me cortaba, tomaba pastillas o intentaba quitarme la vida. Mis intentos fracasaron, Dios me había protegido. Después de conocerlo, esa carga también desapareció.

Mi madre no era una persona cariñosa. No recuerdo que me dijera "te quiero" ni nada parecido cuando era niña. Su reacción ante mi decisión no me sorprendió. Cuando llegué a casa, mi madre se dio cuenta de que algo me había pasado. Me dijo: "No puedes dejar la Iglesia Católica, si lo haces, irás al infierno". Era como si los demonios y los espíritus supieran lo que me había pasado. La guerra espiritual se intensificó, las puertas y ventanas se cerraban solas y tenía muchas visitas demoníacas. No me querían soltar. A veces, era como si pudiera sentir a los espíritus deambulando por la habitación.

Antes de conocer a Cristo, veía mucha televisión y películas de terror, pero después de ser salva, eso también desapareció. Dije: "No quiero ver eso nunca más, no quiero ver películas de terror", y jamás lo volví a hacer. Me iba a mi habitación a leer la Biblia y luego acudía a cualquier iglesia que encontraba. Siempre sentía paz en la iglesia. Pero cuando entraba en mi casa, sentía una presencia demoníaca que me atormentaba. Así que, si mi iglesia no ofrecía servicios, siempre buscaba otra que los ofreciera.

Mi familia nunca intentó impedirme físicamente que fuera a la iglesia, pero a menudo me decían: "Me parece que Diane se ha vuelto loca. Creo que necesita internarse en un manicomio". Eso era porque no quería ir a las fiestas. Ya no quería hacer lo que hacía el mundo. Así que, a los 16 años, me dijeron que estaba loca.

Incluso después de ser salva, todavía necesitaba mucha liberación de la esclavitud espiritual. La brujería a la que me había iniciado tenía raíces profundas en mi vida, y no creo que los pastores de la iglesia a la que asistía creyeran que una conversa a Cristo necesitara que le expulsaran los espíritus malignos.

Realmente ya no sabía qué hacer con mi vida. Sabía que no contaba con lo necesario, académicamente hablando. Le dije a mi madre: "Mamá, quiero ir a una escuela cristiana y voy a trabajar para pagármela". Ella se negó a dejarme ir. Entonces pensé: "¿Qué voy a hacer?". Mis pensamientos estaban muy lejos de la escuela. Realmente no sabía qué hacer con mi vida.

Mi mejor amiga, la que me guio hasta el Señor, se había escapado de su casa. Su madre era cristiana, pero su padrastro era abusivo. Así que mi madre la acogió en casa. Mi hermano y mi amiga eran novios, y ella vivía con nosotros. Me decía: "Vamos, Diane, vamos de fiesta", ¡siendo que fue ella quien me llevó a la iglesia! Le dije: "Tammy, estoy harta de eso. Ya se terminó ese tipo de vida. Ya no la quiero". Entonces, mi hermano, para salir de las pandillas, se alistó en el ejército. Necesitaba salir de Victorville; necesitaba una nueva vida. Él y Tammy se casaron y tuvieron un hijo. Vivían en El Paso, Texas, en la base del ejército. Tammy me pidió que fuera a vivir con ella porque mi hermano estaría fuera todo el tiempo. Fui a quedarme con ella porque no sabía qué más hacer con mi vida. La escuela no era algo en lo que pudiera tener éxito, ni se me ocurría ninguna carrera en la que pudiera triunfar.

Cuando llegué a El Paso, lo primero que hice fue buscar una iglesia en las Páginas Amarillas. Encontré una y empecé a asistir. El amigo de mi hermano, que era cristiano, me llevaba a la iglesia. Comenzamos a salir y luego nos comprometimos.

Yo seguía pensando: "Bueno, ¿qué voy a hacer con mi vida?". Empezamos a planear nuestra vida juntos, dónde íbamos a vivir y cuándo nos casaríamos. Habíamos comprado los anillos de compromiso, pero algo dentro de mí me decía que tenía que ir a visitar a mi madre. Tenía la sensación de que tenía que ir a verla. Cogí un autobús de regreso a Victorville y, al llegar a la casa de mi madre, empecé a oír una voz dentro de mí que me instaba a no casarme con ese hombre.

Respondí: "Está bien". Y pensé: "¿Qué voy a hacer ahora? ¿Cómo se lo voy a decir?". Cuando él me llamó y me preguntó cuándo iba a volver, le dije: "¿Sabes qué? No quiero herir tus sentimientos. Te voy a devolver los anillos porque no quiero casarme contigo. No siento que te quiera de esa manera". El joven se enfadó mucho y empezó a dar puñetazos a las paredes. Estaba en el ejército y descubrí que había sufrido abusos de niño. Probablemente yo me habría convertido en su bolsa de boxeo, pero Dios es tan bueno que me protegió del daño y el dolor.

Un día, una amiga que era mi vecina vino y me dijo: "¿Por qué no vas a la escuela de belleza?". Mentí en esa la escuela y dije que tenía el título de secundaria, y me matricularon en el curso.

Por aquel entonces tenía unos dieciocho años y empecé a alejarme de las cosas de Dios y podía sentir las fuerzas demoníacas tirando de mí para que volviera a lo mundano. Estaba pasando por un momento muy difícil. Era como si el espíritu de la rebelión volviera a apoderarse de mí. Sentía que estaba tratando de huir del Señor. Y sabía que me encontraba en un entorno equivocado.

Me invitaron a una iglesia donde estaban proyectando una película sobre "El Rapto". Un amigo me había llevado a la iglesia ese día. Durante la película, le grité: "Sácame de aquí. Sácame de aquí". Sentía como si se hubiera librado una guerra por mi alma. Entonces, me llevó a un lugar en Victorville que era un mirador desde donde se veía la ciudad. Cuando encendió la radio, alguien estaba predicando. Le respondí: "Apágala. ¡Llévame a casa ahora mismo!". Y eso hizo.

Entonces, oí al Señor decirme: "Vuelve a mí ahora con todo tu corazón, porque si no lo haces, no vivirás. El diablo tiene un plan para quitarte la vida esta semana". El diablo viene a robar, matar y destruir, y sin duda me perseguía. Fue entonces cuando me rendí completamente a Dios y le dije: "Está bien, mi vida es tuya".

"El propósito del ladrón es robar y matar y
   destruir; mi propósito es darles una vida plena
   y abundante".

— Juan 10:10 (NTV)

Después de eso, conocí a Jane y Ray Oliver.

Capítulo 7
Jane y Ray

Conocí a Jane y Ray en la iglesia de Victorville a la que asistía. Se convirtieron en mis padres espirituales. Necesitaba desesperadamente orientación y mentoría; necesitaba a alguien que invirtiera en mí y me protegiera, y Dios me los envió. Fueron un regalo de Dios para mí y para parte del propósito divino que Él tenía para mí.

Ray Oliver y Diane

Me adentré en las enseñanzas de Kenneth Copeland acerca de cómo reclamar mis bendiciones, pero estaba tan atada al pasado de brujería que mi mente no era libre. Solo repetía lo que escuchaba en cada una de sus cintas. Me involucré de lleno en eso, haciendo todo lo posible por servir y caminar con Dios junto a todo lo que sabía.

Jane y Ray se enteraron de la existencia de un centro de formación misionera llamado Rancho Sommer Haven, situado al este de Palmdale, en un terreno de cuatro hectáreas en medio del desierto. Allí participaban en un ministerio de alimentos en su iglesia y comenzaron a llevar mucha leche donada al ministerio Sommer Haven. En julio de 1981 me invitaron a ir con ellos en su gran autocaravana para pasar el fin de semana en el centro ministerial. Fue entonces cuando conocí a la Hermana Agnes Numer, cuando tenía tan solo 19 años. Ella sería quien me guiaría y orientaría durante los años siguientes.

El trayecto en coche desde Victorville hasta el Rancho Sommer Haven duraba aproximadamente una hora y, al girar por el largo camino de entrada, vi delante de nosotros a un hombre vestido con un mameluco blanco que llevaba una bolsa de pan de pasas. De repente, oí la voz audible del Señor: "Este es tu marido". Yo realmente no estaba buscando marido, así que no le di importancia. Entramos en la casa principal y me presentaron a la Hermana Agnes Numer, la piadosa líder del ministerio, que tenía 65 años, y a varias personas más. Recuerdo que cuando la gente me preguntaba cómo estaba, yo respondía como un loro, repitiendo las enseñanzas de Copeland que había aprendido: "Soy bendecida al entrar y soy bendecida al salir". Eran solo palabras, sin realidad.

Más tarde aquella noche, mientras los residentes habituales lavaban los platos, escuché una de mis cintas de Copeland. Decidí "evangelizar" a la Hermana Agnes y empecé a decirle que tenía que escuchar los mensajes de Copeland: "Te liberarán", le dije. Ella me escuchó pacientemente y luego me dijo: "Cariño, ¿por qué no te deshaces de esa basura y dejas que el Espíritu Santo obre en ti?". Me sorprendieron sus palabras tan directas, pero tenían poder, y sentí que algo que me ataba comenzaba a romperse. Al día siguiente tiré todas las cintas. Era domingo y, en el servicio matutino, la gente oró por mí y caí bajo el poder del Espíritu Santo, quedando postrada en el suelo. Creo que estuve completamente inconsciente y en cirugía espiritual, tirada en el suelo durante dos o tres horas. La Hermana Teresa, una de las líderes, dijo en voz alta: "Diane está hambrienta del Señor". La presencia de Dios me tocó profundamente con una gran paz. Después, la Hermana Agnes me preguntó: "¿Por qué no vienes aquí y aprendes a escuchar y a vivir por el Espíritu Santo?".

La Hermana Agnes me dijo que yo era la primera persona a la que había invitado a formarse, ya que normalmente eran los demás quienes se lo pedían a ella. Luego me dijo: "Primero termina tus estudios". Yo nunca terminaba nada y necesitaba hacerlo. Así que, dos meses después, finalicé la escuela de estética, hice las maletas y me mudé al Rancho Sommer Haven, alrededor en octubre de 1981.

Capítulo 8
"No vas a volver"

A finales de noviembre de 1981, estaba viviendo en
Sommer Haven cuando mi hermano Harvey me llamó y
me dijo que mi familia quería que regresara a casa para
Acción de Gracias. Por dentro no me sentía bien; era
como si pudiera sentir de nuevo la brujería y el control
mental. Mi hermano vino a recogerme. Sin embargo, de
camino a Victorville, me dijo: "No vas a volver allí".

Empecé a sentir fuertes poderes demoníacos, como si
algo o alguien quisiera apoderarse de mí. Me llevaron a
la casa de su esposa, Tammy. De repente, sentí que
estaba perdiendo la cabeza; tenía que salir, ya tenía que
salir. Sentí que no podía mantener la cordura, como si
los demonios se apoderaran de mí. Fue entonces
cuando escapé a una habitación desocupada de la casa
de Tammy y, con lo último que me quedaba de cordura,
llamé a Agnes y pedí ayuda llorando.

Ella envió inmediatamente a un grupo de personas para
que vinieran a buscarme, pero el viaje hasta Victorville

demoraba una hora y mi situación era desesperada.
Entonces llamó a Jane y Ray, que vivían cerca, y les pidió
que por favor me rescataran de la casa de Tammy. Ellos
llegaron a la casa en cuestión de minutos y yo, que me
sentía como si estuviera perdiendo la cabeza, salí
corriendo de la casa sin saber qué estaba haciendo ni
adónde me dirigía.

Mientras salía corriendo de la casa, oí una voz que
decía: "¡Diane! ¡Aquí, ven aquí!". Eran Ray y Jane, que
acababan de llegar en su furgoneta. En cuanto vi la
furgoneta, salí corriendo, me subí y nos marchamos.

El equipo que Agnes envió a buscarme me recogió en
casa de Jane y Ray y me llevó a un refugio seguro en las
montañas a las 2 de la madrugada. No estaba en mi
estado mental normal, me sentía como si no estuviera
allí, como si algo estuviera muy mal.

Sentía una presencia demoníaca que intentaba apoderarse de mí, arrastrándome espiritualmente hacia donde había estado antes. Poco después, mi familia incluso llamó a la policía diciendo que estaba siendo rehén de una secta, y la policía vino a ver cómo estaba. En aquella época, yo dormía con Agnes y ella oraba por mí toda la noche. Era un regalo del cielo. Cuando iba a ministrar, me llevaba con ella. La acompañaba y la servía en todo lo que necesitaba. Al mismo tiempo, ella me enseñaba a ver las cosas naturales, a aprender a conocer los caminos de Dios tanto en las cuestiones naturales como en las espirituales.

Recuerdo que una vez me pidió que limpiara una mesa... Yo creía que estaba limpia. Entonces ella me decía: "Allí, mira allí, está sucio y hay que limpiarlo". Aprendí mucho sobre los caminos de Dios a través de la Hermana Agnes, y la ayudaba haciendo sus maletas, peinándola y simplemente estando a su lado. Muchas veces, cuando enseñaba la palabra, yo me sentaba allí y recibía esa impartición. Pasé mucho tiempo con Agnes y la ayudé en todo. Ella me enseñó mucho, en áreas que yo no podía ver, pero ella sí veía.

Agnes me impartió cosas divinas y me entrenó para que Dios pudiera usarme en todo el mundo. Es verdaderamente un soplo de aire fresco, pero tuve que ser entrenada para poder dejarme fluir. Antes de llegar, no creía ni siquiera que tenía personalidad. Considero que estaba muy oprimida y deprimida. No quería vivir. No tenía ningún propósito, ninguna razón para existir. No sabía mucho porque no tenía ninguna formación ni enseñanza. Nunca pensé: "Oh, voy a dedicarme al ministerio". Pero Dios mismo me condujo al ministerio y la Hermana Agnes me acogió y me formó para la obra de Su reino.

Recuerdo que poco después de llegar a casa tras ser "rescatada", tuvimos un servicio muy intenso. Habíamos estado danzando y adorando, y la presencia de Dios nos llenaba, y fue entonces cuando llegó la policía y quiso ver a "Diane Watson". Mi familia los había enviado allí diciendo que me habían secuestrado y retenido contra mi voluntad. Así que la Hermana Agnes me acompañó hasta ellos y hablamos con los policías. Y ellos concluyeron: "No vemos ninguna cadena".

Mi familia pensaba que estaba en una secta. Entonces, los policías dijeron: "Bueno, si hay personas que necesitan ayuda, sabemos dónde llevarlas". Fue una situación difícil; no podía tener mucho contacto con mi familia, ya que sabía cómo se sentían. Aunque nuestra relación se restableció después de un año, tuve que romper completamente los lazos en ese momento porque ellos no entendían hacia dónde me estaba guiando Dios.

Fue una de las cosas más difíciles que hice en mi vida, pero en aquel momento era necesario.

Capítulo 9
El sótano

Acababa de regresar al centro de capacitación después de la difícil situación en la que mi familia no quería permitirme volver. Podía sentir una batalla librándose en mi interior; muchas cosas del pasado intentaban volver.

Estaba trabajando en el sótano con Teresa, otra compañera del ministerio. Solo había una entrada y una salida al sótano. Después de trabajar por un rato, Teresa me pidió que pusiera algo en las estanterías. Por alguna razón, mi mente no estaba allí y hacía lo contrario. Me volví y la miré y, de repente, empecé a sentirme rebelde, como una bruja. Ella me dijo que cuando me miraba, parecía una bruja, que algo se manifestaba en mis ojos.

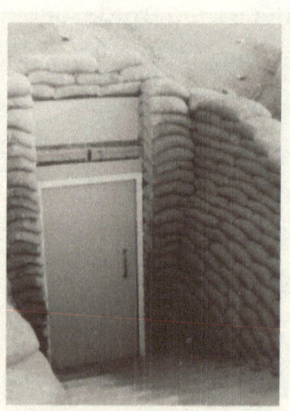

El sótano

Con calma, dijo: "Vamos a ver a Agnes". Así que subimos las escaleras del sótano y entramos en la casa, y yo me quedé en la sala de estar. Teresa le dijo a Agnes que algo andaba mal conmigo. Cuando salieron de la habitación de Agnes, yo estaba mirando hacia la esquina de la habitación y pude ver cosas demoníacas. Comenzaron a orar por mí contra ese espíritu, y luego las oí decirme: "Tu voluntad está involucrada".

Teresa me dijo: "Diane, tu voluntad está involucrada, o te levantas, tomas autoridad y te deshaces de esto, o eliges salir". Entonces, en mi interior, decidí levantarme en el Espíritu contra lo demoníaco que me ataba, y le dije al diablo que saliera de mi vida. El poder de Dios me golpeó con tanta fuerza que la liberación llegó, la liberación total.

> "Jehová, tú nos darás paz, porque también hiciste en nosotros todas nuestras obras. Jehová Dios nuestro, otros señores fuera de ti se han enseñoreado de nosotros; pero en ti solamente nos acordaremos de tu nombre. Muertos son, no vivirán; han fallecido, no resucitarán; porque los castigaste, y destruiste y deshiciste todo su recuerdo".
>
> — Isaías 26:12-14 (RVR 1960)

Capítulo 10
Un gran milagro

En otra ocasión, Teresa salió mientras yo contaba las cajas de pan que íbamos a distribuir a los necesitados. Yo no sabía multiplicar. Contaba caja por caja, y había muchas, así que me llevaba mucho tiempo. Recuerden que la escuela nunca fue fácil para mí. Teresa me enseñó a contar: 1, 2, 3, 4, 5 cajas a lo ancho y 1, 2, 3, 4 cajas de arriba abajo. Luego me animó a multiplicar las 5 cajas por 4 y obtener 20, el número correcto de cajas. Ella vio que me costaba mucho contar de uno en uno y que no sabía usar la tabla de multiplicar. Entonces me emocioné mucho; sentí que Dios me había dado una revelación. La revelación llegó y me trajo la comprensión, tanto que se convirtió en algo natural y fui capaz de hacerlo. ¡Es increíble lo que Dios puede hacer cuando confiamos y nos sometemos a Él!

La gente siempre ha dicho que tengo un sentido común increíble y un espíritu de sabiduría. Esta combinación fue más grande que cualquier bloqueo mental que pudiera haber tenido antes. Cuando el Espíritu del Señor descendió sobre mí con sabiduría y sentido común, Dios simplemente se me reveló. Es una forma de vida maravillosa.

En Sommer Haven, junto al sótano

"Porque en él vivimos, y nos movemos, y somos...".

— Hechos 17:28 (RVR 1960)

Capítulo 11
La formación

En Sommer Haven éramos muchos los jóvenes que recibíamos formación. Nos enseñaban a rendirnos, o a someternos, a lo que el Espíritu Santo nos enseñaba, así como a ser fieles a Dios y a Su palabra. Había momentos dentro del ministerio de alimentos en que la comida llegaba a la una o las dos de la madrugada y teníamos que estar despiertos para recibirla y guardarla, e incluso después de todo eso para lavar los platos. Si no habíamos lavado los platos antes, teníamos que hacerlo después.

Podías elegir entre irte a dormir o quedarte allí y ser fiel hasta terminar el trabajo. No es que no pudieras descansar cuando lo necesitabas, pero había momentos en los que tenías que hacer un esfuerzo adicional y permitir que Jesús fuera tu fuerza.

Jesús estaba presente en los momentos de experiencias espirituales, ¡pero también estaba presente en el fregadero! Su presencia nos rodeaba. Yo siempre quería ser la primera en lavar los platos porque quería estar junto al Padre. No era solo en las devocionales religiosas matutinas donde aprendí a encontrar a Dios, sino también en la entrega y la disposición a ser una sierva.

Jesús dijo:

> "Si alguno quiere ser el primero, será el postrero de todos, y el servidor de todos".
>
> — Marcos 9:35 (RVR 1960)

En la mentalidad de este mundo, vemos las cosas de una manera muy diferente. Consideramos al siervo como alguien inferior, especialmente en los países en vías de desarrollo. En ciertos países, ser siervo se considera algo humilde. Pero eso es lo que era Jesús. Era el siervo de todos. Trabajó en la madera que Él mismo creó. Lavó los pies de sus discípulos, lo cual era una forma de humildad. Una clave para tener éxito en el Reino de Dios es la humildad. La humildad es la llave que conduce al corazón de Dios. Él está cerca de los humildes y contritos.

> "El Alto y Majestuoso que vive en la eternidad, el Santo, dice: «Yo vivo en el lugar alto y santo con los de espíritu arrepentido y humilde. Restauro el espíritu destrozado del humilde y reavivo el valor de los que tienen un corazón arrepentido".
>
> — Isaías 57:15 (NTV)

Capítulo 12

Ninguna carne será glorificada

Recuerdo que me sentaba junto a Agnes, podía pasar todo el día sentada a sus pies. Agnes siempre estaba conmovida por el Espíritu del Señor. Cuando llegué por primera vez, algunas noches me quedaba con ella y la escuchaba orar por mí toda la noche. Otros estudiantes hacían fila durante toda la noche solo para hablar con ella. Había momentos en que me sentía tan atada que ni siquiera podía expresar lo que había dentro de mí. Recuerdo que lloraba y Agnes oraba por mí, y eso me traía un gran alivio, aunque no pudiera sacar todo de adentro.

Finalmente, pude abrirme más y sacarlo todo. Recuerdo que a veces se quedaba dormida mientras yo hablaba pero luego se despertaba y me daba la respuesta que necesitaba. Agnes había sido entrenada por el Señor para vivir conforme al Espíritu de Sabiduría y el Espíritu de Consejo.

Creo que lo que más se me impartió fue el "Espíritu de Sabiduría", porque la Biblia habla de no "ver con nuestros propios ojos ni oír con nuestros propios oídos". Ver a través de Su Espíritu es lo que más impactó mi vida.

Algo que aprendí de Agnes fue la importancia de la muerte de uno mismo. ¡Nadie será glorificado excepto Jesús! ¡Ninguna carne será glorificada! Cada día se trata de rendirse y morir, rendirse y morir, y es un proceso. Cuando dejamos de rendirnos y empezamos a vivir para nosotros mismos, entonces comenzamos a perder. Debemos estar contentos en cualquier estado en el que nos encontremos, en vez de confiarnos en nosotros mismos.

El proceso no siempre es fácil. Puede ser doloroso y traumático. Puede ser hermoso y alegre. Si no puedes caminar con Jesús en los momentos difíciles, entonces los momentos hermosos no te parecerán tan hermosos. Si nos sometemos al Señor y le permitimos que nos rescate, entonces Él nos rescatará. Por ejemplo, una de esas cosas traumáticas puede ser la depresión que lleva al suicidio. Las personas no pueden soportar la profunda oscuridad y muchas veces piensan en acabar con sus vidas. Pero aunque el enemigo intente matarnos mediante el suicidio, Dios puede rescatarnos, tal como me rescató a mí.

Él toma nuestras pruebas y las convierte en triunfos. Una vez oí a alguien decirle a un ateo: "He vuelto a mis

raíces cristianas. Me deterioré cuando empecé a creer
en tu filosofía".

"¿Quién nos separará del amor de Cristo
¿Tribulación, o angustia, o persecución, o
hambre, o desnudez, o peligro, o espada?"

— Romanos 8:35 (RVR 1960)

Capítulo 13
Cucapá

A principios de 1983, la Hermana Agnes me envió a la reserva indígena de Cucapá Oriental, en el sur de Arizona, a las afueras de Yuma, para que viviera allí durante unos seis meses junto a Joe y Melinda Rodríguez.

Mi esposo, James Profet

En los 18 meses que llevaba en Sommer Haven, había aprendido a ser fiel y sincera siguiendo las instrucciones de Agnes, y ella me confió la misión de representar a Jesús en un lugar diferente con otro tipo de cultura.

La reserva Oriental, donde vivían Joe y Melinda, era muy pequeña, y tenía solo dos o tres docenas de casas construidas por el gobierno para los pueblos nativos. Contaba con solo un par de carreteras y estaba situada en un lugar rural y desértico, alejado de las rutas habituales. Toda la reserva Oriental tenía, como mucho, medio kilómetro de largo por cuatrocientos metros de ancho.

Los amigos de la Hermana Agnes que habían pasado por ese lugar en los años 60 nos contaron que en aquella época solo había chozas de barro como viviendas. Parece que el gobierno federal había ignorado a estos pueblos indígenas durante mucho tiempo, pero los "descubrió" en la década de 1970 y les construyó casas, carreteras, clínicas y sistemas de abastecimiento de agua. Las temperaturas en el desierto podían superar los 47 °C, así que tuve que adaptarme a trabajar temprano, antes de que hiciera calor, y descansar más tarde.

Ayudé a Joe y Melinda en su ministerio de alimentos y en su formación, e íbamos a repartir los alimentos donados y a orar por el pueblo Cucapá que vivía cerca de nosotros y en la reserva Occidental, que quedaba a unos 16 kilómetros, y en la reserva Cucapá al otro lado de la frontera, en México.

Joe y Melinda habían conocido a la hermana Agnes y le pidieron ayuda para llegar a los nativos y evangelizarlos. En aquella época, muchos de los mayores solo hablaban la lengua Cucapá, mientras que los jóvenes hablaban principalmente inglés, lo que creaba una situación interesante. Recuerdo que el hijo de Joe y Melinda, Joe Jr., solo hablaba inglés. Su madre, Melinda, era bilingüe, y la abuela de Joe Jr. solo hablaba Cucapá.

El ministerio con los Cucapá suponía todo un desafío, porque parecía muy difícil romper las barreras culturales y espirituales. Entre los jóvenes Cucapá, las drogas, el alcohol, la inhalación de pintura y los vicios dominaban sus vidas. Les ocurrieron muchas tragedias. Algunos murieron en accidentes por embriaguez, otros acabaron en la prisión y otros sufrieron sobredosis. Uno de ellos, Ralph, fue llevado por su madre a Sommer Haven en 1982, cuando tenía 12 años, para ser discipulado en los caminos del Señor. Estuvo con nosotros durante casi un año, pero decidió, en contra de los deseos de su madre, volver a la reserva.

La Hermana Agnes estuvo muy contristecida en el Espíritu por la decisión de Ralph, porque sabía que el joven quería seguir el camino del pecado en lugar de seguir el camino del Señor. Las palabras que compartió a todo nuestro grupo la noche antes de que se marchara se me quedaron grabadas hasta el día hoy. "Ralph ha decidido volver a la reserva", hizo una pausa y luego continuó: "Y el infierno al que va a ir es mucho más caliente que el infierno del que ha salido". Todos nos estremecimos.

La Hermana Agnes era profética, y sabíamos que el Señor estaba hablando a través de ella. Ralph tomó el camino equivocado y terminó en una prisión de Arizona durante unos 20 años. De vez en cuando llamaba a la Hermana Agnes a cobro revertido desde la prisión, y Agnes le pedía a Jamie, mi marido, que orara por él. Poco después de salir de la prisión, Ralph sufrió una sobredosis y murió.

En aquellos días, la nación Cucapá era considerada una nación moribunda debido a la gran cantidad de jóvenes que morían en la reserva. Recuerdo que el Señor me dio la escritura sobre hacer buenas obras para que vean al Padre y le glorifiquen.

> "Así alumbre vuestra luz delante de los hombres, para que vean vuestras buenas obras, y glorifiquen a vuestro Padre que está en los cielos".
>
> — Mateo 5:16 (RVR 1960)

Solía ir a limpiar las casas de los Cucapá: esa era mi forma de mostrarles el amor del Padre.

El hijo de Joe y Melinda, Joe Jr., también conocido como Sonny, conoció al Señor a través de un avivamiento. Recibió al Señor y luego trabajamos juntos con su familia. Un tiempo después, Sonny se casó, y tanto él como su esposa Melanie continuaron siendo fieles en el ministerio. El fruto de Dios continúa hasta el día de hoy. La vida de Sonny fue transformado y le permitió comprometerse profundamente con el Señor. Fue maravilloso ver cómo Dios cambió su vida. Más adelante, Sonny y Melanie se fueron como misioneros a las Filipinas durante un año.

Mientras Sonny estaba en la reserva, Dios le concedió su favor y el fruto de su vida era evidente. También se convirtió en miembro del consejo tribal. Era hermoso ver esto, porque muchos de sus jóvenes morían a una edad temprana. En el ministerio, ves personas que están dispuestas a entregar sus vidas y permiten que el Espíritu Santo obre en ellas, pero también ves a muchos que no se rinden y pierden la comunión con Dios y retornan a lo mundano. Como misionera, aprendí a perseverar en el nombre del Señor, confiando en que Él siempre está obrando y, en el temor de Dios, a velar por mi propia alma para no caer también.

Capítulo 14
Nuestra boda

Después de aquellos meses en Cucapá, el Señor me guio a que fuera a vivir con mis tíos mexicanos al otro lado de la frontera, en San Luis, México, y Agnes dijo que le parecía bien, así que me fui. Mi tía tenía una casita detrás de su casa que no estaba terminada, pero nos la alquiló por 20 dólares al mes. Agnes envió a un grupo de personas para que instalaran la electricidad, construyeran una cocina y la hicieran habitable para nosotros.

Luego, una joven familia que conocíamos de Tijuana, Delia, Henry y el pequeño Henry, vinieron a vivir conmigo. Estuve trabajando con los jóvenes allí durante varios meses. Un día, cuando iba camino a llevar a Henry a la escuela, vi una tienda y el Señor me dijo: "Ve y pídeles la comida que no venden y dásela a los necesitados". Así que hablé con el dueño de la tienda y empezaron a donarnos cajas de comida. No teníamos dinero, pero nos daban alimentos. Tampoco teníamos coche, así que llevábamos las cajas de comida en la cabeza. Cuando llegábamos a casa, clasificábamos la comida, la limpiábamos y la metíamos en bolsas.

El Espíritu del Señor comenzó a moverse en esa zona donde yo vivía y los niños pequeños entregaban sus vidas a Jesús. Era increíble. Se llenaron del Espíritu Santo y se convirtieron en mi equipo. Venían, recogían la comida, la metían en bolsas y todos orábamos en el Espíritu. Íbamos de casa en casa, entregábamos alimentos a la gente y los evangelizábamos.

Un día, utilicé el teléfono de alguien para llamar a la Hermana Agnes, quien me dijo: "Te voy a enviar ayuda". Esa ayuda era Jamie. Así que empezamos a ministrar juntos. En una oportunidad, Jamie dijo: "Creo que tenemos que orar". Le respondí: "De acuerdo, ¿por qué vamos a orar?". Jamie dijo: "Contra el espíritu del matrimonio. Creo que la gente nos está juntando solo porque somos solteros". Le respondí: "De acuerdo", y entonces oramos. Oramos y reprendimos al espíritu del matrimonio. Luego, tal vez dos semanas después, Jamie estaba luchando de nuevo. Yo tenía mucho cuidado de no coquetear con Jamie, pero sabía lo que el Señor me había dicho: que él era mi marido. El Señor me dijo que mantuviera mis ojos fijos en Él y que la persona que Él tenía reservada para mí estaba haciendo lo mismo. Dios también me dijo que Él traería a esa persona, en Su debido momento. Así que mi motivación no era tener un marido; mi motivación era Jesús. Yo le amaba y le servía.

Unas semanas más tarde, el Señor me dijo: "Cuéntale a Jamie lo que te dije". Entonces le conté a Jamie lo que había pasado cuando lo vi por primera vez y lo que el Señor me había dicho.

"El Señor también me lo dijo", respondió Jamie. Más tarde me contó que el Señor le había susurrado que me diera un beso, pero estaba demasiado asustado para hacerlo.

Jamie dijo: "Bueno, oremos juntos". Nos tomamos de las manos y oramos, y la presencia de Dios colmó la habitación. Era como si solo quisiéramos postrarnos ante Jesús. Se trataba de ese tipo de santidad, así que supimos que el Señor nos había unido.

Decidimos que era mejor cruzar la frontera y hablar con Agnes, que casualmente estaba cerca, ministrando en la reserva de Cucapá. Mi tío, que vivía al lado de mi tía, tenía una camioneta. Tenía que cruzar la frontera hacia Calexico, Arizona, para recoger melones y cantalupos, así que nos llevó hasta la casa de Joe y Melinda. Entramos en la habitación de Agnes y le dijimos que sentíamos que era la voluntad de Dios que nos casáramos. Ella solo nos miró y dijo: "No estoy nada segura de esto. Quiero hablar con Jamie a solas". Cuando salí, me sentí abrumada. Pensé: "¿Esto viene del enemigo?". Lo dudaba mucho, porque pensaba que el Señor ya habría hablado con la Hermana Agnes.

Entonces, mientras salía caminando de aquel sitio, Omer, la mano derecha de Agnes en el ministerio, que había estado durmiendo en el sofá, entró y le dijo a Agnes: "No sé qué está pasando aquí, pero cuando Jamie y Diane llegaron esta mañana, los vi como uno solo".

Así fue que Omer lo confirmó y Agnes estuvo de acuerdo en que Jamie y yo nos casáramos.

Esa noche regresamos al centro ministerial de Agnes. Cada vez que alguien regresaba de otro país, compartía su experiencia durante el servicio nocturno. Era nuestro turno de compartir. Agnes era la única que sabía lo que estaba pasando. Jamie tocaba la guitarra y, mientras cantaba, se levantó en medio de la canción y dijo: "Tengo un anuncio que hacer. Diane y yo nos vamos a casar". Recuerdo que pensé lo extraño que era eso. Todos se quedaron impactados. Jamie y yo nos casamos en noviembre de 1983, tras solo tres semanas de compromiso.

La generosidad de Jamie fue otra de las cosas que me atrajo de él. Tenía dinero en el banco, pero todo cambió cuando llegó a Sommer Haven. Sentía una gran responsabilidad por todos los oradores que venían a hacer trabajo misionero. Hacía todo lo que podía para ayudarlos.

Nuestra boda

Dijo que recordaba cuando sacó el último dinero de su cuenta. Obedeció al Señor, respiró hondo y dijo: "Está bien, Dios, ¡ya está!". Después de eso, ya nunca sintió que le faltara nada.

Dios bendijo nuestra boda y nos proporcionó todo lo que necesitábamos.

Las invitaciones de nuestra boda decían: "Este es el día que hizo el Señor; nos regocijaremos al unirnos como uno solo, con el propósito de servir al Reino de Dios...".

Un pastor local de la Iglesia Nazarena nos permitió usar su iglesia y el salón social de forma gratuita. Otra persona nos regaló el pastel de boda, y la comida para la recepción provino de donaciones de nuestro ministerio y de otros alimentos especiales que normalmente no recibimos, pero que llegaron en ese momento.

Diane y Jamie Profet con la Reverenda Agnes I Numer

Una querida hermana incluso voló desde Texas y nos trajo nuestros anillos de boda como regalo.

Y así fue que nos casamos, y la Hermana Agnes ofició nuestra boda. Hubo muchas palabras proféticas. Ojalá aún conservara una grabación de lo que se pronunció. El día fue muy confuso, una mezcla de emociones hermosas.

El día de la boda con nuestros padres

En nuestra luna de miel solo queríamos volver al campo misionero; solo queríamos ministrar a la gente. Esa era nuestra vida.

Dos semanas más tarde, después de arreglar el viejo coche de Jamie, volvimos a nuestra casa en México. Jamie dijo: "Bueno, no vamos a tener hijos ahora mismo; estamos viviendo por la fe". Cuando alguien salía a ministrar, el Señor les proveía. Agnes siempre proporcionaba comida y suministros, pero teníamos que confiar en el Señor para todo lo demás. Vivíamos por la fe. Eso es lo que ella nos enseñó a hacer.

Cuando Jamie dijo que no íbamos a tener hijos pronto, el Señor me habló de forma audible y me dijo: "Los tendrás, y los tendrás enseguida". Cuando le conté a

Jamie lo que había dicho el Señor, él respondió: "Bueno, que sea lo que Dios quiera". Después de tres meses, Jamie se despertó y me dijo: "Diane, el Señor me acaba de decir que estás embarazada y que es un niño". Esa semana me sentí mal, así que fui al médico y me dijo que estaba embarazada.

Cuando volví, Jamie me preguntó: "¿Cómo lo vamos a llamar?". En aquel momento, yo no sabía mucho de la Biblia y, para ser sincera, ni siquiera sabía que había un tal Isaac en la Biblia, pero ese nombre se me escapó de la boca. Solo conocía a una persona en la escuela con ese nombre. Cuando dije "Isaac", la presencia de Dios llenó la habitación. Estaba hablando proféticamente y el nombre Isaac simplemente salió de mi boca. Me sorprendió porque no provino de mí, vino del Espíritu Santo.

Después de eso, tuve cuatro hijos más, y el nombre de cada uno de ellos fue un testimonio que el Señor nos dio. Nunca pensé en el nombre. Nunca dije que iba a buscar un nombre. El Señor siempre nos lo dio. Él es tan fiel.

Capítulo 15
San Luis

Nuestra vida como matrimonio en San Luis fue breve. Solo llevábamos dos meses viviendo allí, casados y dedicados al ministerio en la comunidad, cuando, en febrero de 1984, cometimos la imprudencia de involucrarnos en un conflicto político mexicano. Por un momento fugaz, parecíamos "héroes", pero casi nos convertimos en "cenizas". Jamie se crio en una familia en la que su padre estaba involucrado en la política estadounidense, y esperaba que la política mexicana fuera tan agradable como, aparentemente, lo era la estadounidense. ¡Pero no fue así! El alcalde de San Luis era un buen hombre con el que interactuábamos para ayudar a la comunidad, quien siempre apoyaba lo que hacíamos.

Pero él era del partido PAN y el gobernador del estado era del PRI, y había mucha enemistad entre ellos. Surgió un conflicto y el gobernador envió camionetas con soldados armados a San Luis como táctica de intimidación, y miles de ciudadanos de San Luis, que querían a su alcalde, rodearon las oficinas del ayuntamiento durante toda la noche, donde el alcalde y su personal se atrincheraron para protegerse de la hostilidad del gobernador. Bueno, nosotros nos hicimos presentes en medio de esa tensión diciendo que queríamos hablar con el alcalde. Sus guardaespaldas nos escoltaron hasta las salas interiores, donde el alcalde y gran parte de su personal esperaban nuestras palabras.

Nos escoltaron y nos recibieron con honores, como si fuéramos el presidente. Le dijimos al alcalde que Dios lo había puesto en ese cargo, y al día siguiente, el periódico titulaba: "Fausto dice: 'Dios me puso en este cargo'". Poco tiempo después, nos escoltaron hasta nuestra pequeña cabaña alquilada en la ciudad y nos dimos cuenta de que nos seguían.

Cuando estábamos en casa, Jamie percibió algún peligro y quiso viajar hasta Arizona, a la casa de Joe y Melinda. Pero yo me sentía tan cansada que le dije: "No, vete tú, yo me quedaré aquí a dormir". Jamie básicamente me respondió: "¡De ninguna manera! ¡Levántate! Nos vamos a casa de Joe y nos largamos de aquí". Cruzamos la frontera y, al llegar a casa de Joe, había un mensaje urgente para que llamáramos a Sommer Haven si nos veían o sabían algo de nosotros. Cuando Teresa, en Sommer Haven, contestó al teléfono, exclamó:

"Jamie, gracias a Dios que llamaste, ¿dónde estás?".

"Estoy en casa de Joe".

"Gracias a Dios".

"¿Dónde está Diane?".

"Está aquí conmigo".

"¡Gracias a Dios! ¡NO VUELVAN A MÉXICO! Sus vidas corren un gran peligro allí, el Espíritu Santo nos ha mostrado que tú y Diane desaparecerán y nunca volverán a ser vistos. Llevamos dos horas orando intensamente por sus vidas".

No hace falta decir que esa noche no regresamos a nuestra casa en México, sino que condujimos 300 millas hasta Sommer Haven y nos quedamos allí durante una semana. Cuando nos sentimos seguros, regresamos a nuestra pequeña casa en San Luis a altas horas de la noche solo para recoger nuestras cosas y luego nos fuimos de San Luis para siempre. Más tarde nos enteramos de que, al día siguiente de hablar con el alcalde y de ir a Arizona, había coches de policía patrullando la calle y mirando hacia nuestra casa, como si estuvieran buscando nuestro coche.

Capítulo 16

- Testimonio de James Profet

Por James Profet

Mis padres fueron católicos devotos en un momento de sus vidas, pero el ateísmo se apoderó de ellos y dejaron de ir a la iglesia. No recuerdo que nos hablaran nunca a mis hermanas y a mí sobre su decisión de ya no ir, pero la asistencia semanal a la iglesia formaba parte de mi educación cultural, así que seguí yendo todos los domingos en bicicleta, recorriendo un trayecto corto de siete minutos cuesta arriba.

A los 12 años, en el verano de 1969, cuando me acercaba a la iglesia subiendo la colina en bicicleta, miraba al suelo mientras me inclinaba sobre el manillar para impulsarme y subir la cuesta. De repente, sentí que se formaban palabras dentro de mi pecho. "¿De dónde diablos ha salido eso?", me pregunté. Las palabras se habían formado dentro de mí, pero no eran mías, su origen no era mi propia mente. Estaban en mí, pero no eran mías, eso lo sabía con certeza. Y entonces escuché las palabras. Dos palabras: "¡Mira arriba!". Levanté la cabeza y vi un coche bajando la colina directamente hacia mí. Rápidamente me aparté y, cuando el coche pasó exactamente por donde yo había estado, a solo unos metros de mí, vi que no había ningún conductor. Alguien había aparcado en lo alto de la colina y no había puesto el freno de mano, y cuando entró en la iglesia, el coche empezó a rodar silenciosamente cuesta abajo, directamente hacia mí. Mi madre me dijo más tarde que los ángeles guardianes debían de haber estado cuidando de mí.

Pasaron cinco años y, en el verano de 1974, yo era un joven de 17 años recién graduado de la escuela secundaria con un trabajo de verano como aparcacoches en un restaurante situado en la playa, en una ciudad costera del sur de California. Una tarde, un evangelista cristiano que estaba predicando sobre Cristo a las muchas almas perdidas que se encontraban en la playa, también me encontró en mi aparcamiento. Me predicó y, durante la conversación, me dijo: "Jamie, algún día te presentarás ante Dios en el día del juicio final, ¿dónde acabarás?". Era un tema muy desagradable. Durante la conversación, de repente sentí y tomé conciencia de la presencia de un ser invisible, poderoso, grande e inteligente que estaba de pie justo detrás del evangelista. No sé cómo lo supe, solo sabía que ese ser era real y que estaba allí, y sentí miedo.

Lo siguiente que sentí fue que este ser deseaba agarrarme y acercarme a él como a un amigo. Aunque era poderoso, su deseo era mi amistad, mi compañerismo, y de alguna manera, sabía que esto estaba unido al evangelista, casi como si fuera su misión. No le conté al evangelista lo que sentía, y él parecía bastante ajeno al ser que estaba con él, pero después de eso hui, los demonios que había en mí no dejaban que mi alma se acercara a Cristo.

Uno o dos meses después, empecé la universidad en una pequeña escuela en la zona rural del norte de California. Uno de mis compañeros de cuarto era un hippie de Ohio con barba desaliñada y pelo que atravesaba la espalda hasta la cintura, cuyo vocabulario consistía en "Genial, tío, molas" y algunas otras palabras típicas de San Francisco. Tres semanas después, el hippie entró en el apartamento bien afeitado, con el pelo corto y una sonrisa pacífica. "¿Qué te ha pasado, Brooks?", exclamé. "He encontrado a Jesús", fue su respuesta. Bueno, eso marcó el resto del año escolar, lleno de debates y desafíos por mi parte hacia las creencias de este hombre. Los demonios del anticristo que habitaban en mí tenían que prevalecer sobre su fe cristiana. Pero no funcionó. Al final del curso, dejamos el apartamento, nos despedimos educadamente y tomamos caminos diferentes, yo a Los Ángeles y él a Ohio, sin duda para no volver a hablar nunca más.

Dos meses más tarde, una exnovia de la universidad me invitó a su casa para una fiesta. Me humilló bastante delante de sus amigos y los siguientes cinco días fueron un auténtico infierno para mí, lleno de depresión y pensamientos suicidas. En casa de mis padres, desesperado y llorando, me escondí en el baño para que mis hermanas no me vieran llorar y solté algo que nunca había dicho: "¡Dios, por favor, ayúdame!".

Inmediatamente, en dos segundos, toda la opresión, la depresión y la desesperación salieron de mí, empezando por los pies y llegando hasta la cabeza. ¡Estaba rebosante de alegría! Me miré en el espejo, me sequé las lágrimas, sonreí a mi imagen y salí, libre de la oscuridad. ¿Le di gloria a Dios por el milagro que acababa de obrar? Por supuesto que no, seguía lleno de mí mismo: los dioses que nosotros mismos creamos no se rinden fácilmente.

Avancemos tres años, ya tengo 21 años y estoy perdido espiritual y prácticamente: sin trabajo, sin carrera, sin rumbo. Mi arrogancia, mi mentalidad anticristiana, mi orgullo, mi boca sucia y mi egoísmo solo empeoraron. Vivía en el norte de California, pero debido a mi maldad, mi novia Julie, con la que llevaba un año, decidió dejarme y yo me fui de regreso a la casa de mis padres en el sur de California. Al mes siguiente, en junio de 1978, recibí una llamada del hermano de Julie, que me dijo que ella había muerto instantáneamente en un accidente de frente con un conductor borracho. Mi vida se derrumbó y me quedé sin fuerzas. Estaba devastado. Cogí el primer avión de vuelta al norte de California para averiguar qué había pasado en el accidente e ir al funeral. Lloré como un niño al ver a Julie en el ataúd y fui la última persona en abandonar su entierro. Ella me había enseñado un poco sobre Dios y un día me preguntó si alguna vez había hablado con Dios, ya que yo había sido criado como católico, pero no sabía cómo hablar directamente con Él.

Unos días después del funeral, cuando ya estaba de vuelta en casa de mis padres en el sur de California, pasé junto a una estantería y mi mirada se posó en una Biblia que había en uno de los estantes. Me quedé paralizado y miré fijamente el libro negro, y entonces oí una voz dentro de mi pecho que me habló con un tono firme y autoritario que aún recuerdo: "¡Levanta ese libro y LÉELO!". Estiré la mano hacia esa Biblia que nunca había visto en ese estante y que nunca había visto leer a nadie de mi familia, y empecé a leerla.

Durante los días siguientes, cada tarde dedicaba un tiempo a leer lo único que recordaba de la iglesia católica: los Evangelios de Mateo, Marcos, Lucas y Juan. A medida que leía, me sentía atraído por las palabras de Cristo, por las historias y los milagros y por la pureza de sus enseñanzas. Y entonces, el recuerdo de cuatro años atrás volvió a mi mente: el evangelista que me había dado testimonio en el aparcamiento del restaurante. Intenté borrarlo de mi memoria, pero no pude. Estuvo en mi mente todo el día, y decidí que tenía que encontrarlo. Conseguí su número, lo llamé y le dije quién era y que cuatro años antes me había hablado de Cristo en el estacionamiento de aquel restaurante. Él dijo que se acordaba y me preguntó qué podía hacer por mí. Le respondí: "Quiero saber de qué se trata todo esto de Jesús". Me invitó a una reunión informal de oración esa noche y di el paso hacia lo desconocido: llamar a un Dios al que no podía ver ni tocar. Decidí en mi corazón acercarme a Cristo y pedirle perdón porque pensé que tal vez, solo tal vez, este hombre llamado Jesús era realmente quien decía ser: el Hijo del Dios viviente. Y también pensé que si Él realmente lo *era,* entonces Él realmente lo *es*.

Aquella tarde, el 10 de julio de 1978, salí de la oscuridad y entré en los primeros rayos de la Luz Viviente. Casi al instante, algunas cosas cambiaron radicalmente en mi vida. Se acabaron las blasfemias y las diatribas furiosas contra los conductores incompetentes; la paz había comenzado a instalarse en mi corazón.

Y al mes siguiente me acordé de Brooks, mi antiguo compañero de piso hippie. Marqué el número de información telefónica de Ohio y me dieron el número de Brooks. Lo llamé, me atendió y le dije: "¿Brooks?". "Sí, soy yo". "Brooks, soy Jamie Profet". Hubo un largo silencio y luego una respuesta sorprendida: "¡¿JAMIE PROFET?!". "Sí, Brooks, ¿cómo has estado?", le pregunté. "El Señor ha sido muy bueno conmigo", respondió. Y entonces respondí con un abrumador "¡¡¡ALABADO SEA EL SEÑOR!!!". Hubo un silencio atónito y luego un incrédulo "¡¡¡JAMIE, ¿TE HAS SALVADO?!!". Eso fue hace 47 años, y todavía seguimos en contacto. Nunca he olvidado lo que Brooks me dijo en aquella llamada telefónica. Me contó que había orado por mí durante todo el año escolar, pero que, cuando nos separamos al final del año, le dijo al Señor que Jamie era tan imposible, tan arrogante, tan desagradable y tan testarudo que "Dios, ni siquiera tú podrías salvar a este chico". Creo que Dios lo tomó como un reto.

Estoy muy agradecido por la salvación. Estoy muy agradecido a las personas que oraron por mí. Estoy muy agradecido a Jesús y a mi Padre Celestial por mostrarme misericordia y derramar sobre mí tan abundante perdón, bondad y gracia. Soy deudor de Dios, y le debo mi vida en respuesta a la bondad inconmensurable que me ha dado.

Capítulo 17

- El corazón del padre

Por James Profet

El año siguiente a mi conversión trajo un gran cambio a mi vida. En septiembre de 1979, fui contratado por una gran empresa aeroespacial como asistente de ingeniero, me mudé de la casa de mis padres (por última vez) y volví a vivir solo con dos compañeros de piso en un apartamento alquilado. El lugar de trabajo era una empresa de alta tecnología con 3000 empleados que diseñaba y fabricaba unidades de navegación para misiles de crucero, aviones militares y aviones comerciales, entre otros.

Entre los empleados había refugiados salvadoreños que trabajaban para una empresa de limpieza contratada, cuya tarea principal era barrer el suelo y vaciar las papeleras de los cientos de oficinas repartidas por las instalaciones. Durante el tiempo que estuve en esa empresa, nunca vi a ninguno de los empleados fijos reconocer a estos trabajadores extranjeros hispanos, ni saludarlos, ni darles las gracias, ni sonreírles. Ni siquiera entre mis compañeros de trabajo más cercanos vi a nadie reconocer o agradecer a los limpiadores por el trabajo que hacían. No podía entender la insensibilidad y la indiferencia de los empleados fijos hacia el personal de limpieza, así que me propuse ser amable y cordial con ellos siempre que los veía. En aquella época hablaba muy poco español, pero con lo poco que sabía lo utilizaba para conversar con estos refugiados, hablarles de Dios y simplemente ser un amigo para ellos.

Un día, en julio de 1980, la refugiada indígena que se encargaba de barrer mi zona de la oficina entró en mi despacho empujando la escoba, se detuvo y empezó a llorar. Le pregunté, en mi español limitado, qué le pasaba. Me explicó que estaba muy triste porque se sentía muy sola y que estaba en este país sin familia ni amigos y, con la guerra civil que asolaba El Salvador, ni siquiera sabía si su familia estaba viva o muerta. Siguió llorando y yo no sabía qué hacer. Mis compañeros de trabajo no sabían que había una joven en mi oficina llorando y sollozando con el corazón desesperado. Entonces me levanté de mi escritorio e hice lo único que se me ocurrió: puse mi mano sobre la cabeza de la mujer y oré por ella para que Dios le concediera la liberación y la paz. Cuando terminé, la joven me miró con sus grandes ojos marrones, se secó las lágrimas, me sonrió y me dijo: "Ya me siento mejor, muchas gracias". Acto seguido, se dio la vuelta y se marchó.

Me quedé de pie en mi oficina, reflexionando sobre lo que acababa de pasar. Entonces, de repente, de forma impresionante, sentí una presencia pesada y sagrada descender sobre mi oficina. Estaba en presencia de lo Santo, y no sé cómo lo supe, pero sabía que era la presencia del Padre de la gloria. Y entonces, oí Sus palabras dentro de mi mente mientras me llamaba por mi nombre. "Jamie, esto es lo que es importante para MÍ, esto es lo que me agrada". Entendí lo que quería decir. Era la simple muestra de compasión, amor y cuidado hacia la joven que no tenía a nadie más a quien recurrir.

La mujer era una persona sin belleza física, sin educación, sin refinamiento, sin riqueza, sin recursos, sin talento; todas las cosas que el mundo encuentra atractivas y, por lo tanto, nadie se preocupaba por ella, pero Dios se preocupaba por ella y me mostró Su corazón y cómo desea que las personas sean compasivas, cariñosas, serviciales y dispuestas a ser amigas de aquellos que no tienen a nadie. El Padre continuó y lo vi señalar toda la industria de alta tecnología, las grandes instituciones financieras de la zona y dijo: "Y todo lo demás es solo un medio para alcanzar un fin". Y luego, refiriéndose de nuevo a ayudar a la mujer, "Pero esto es lo que es importante para MÍ". La voz se detuvo y poco a poco la pesada presencia comenzó a levantarse de mi oficina. Me quedé de pie y lloré incontrolablemente por un largo rato.

Seis meses después renuncié a mi trabajo y me fui a vivir al rancho Sommer Haven de la Hermana Agnes

Numer, un ministerio para formarme como misionero. Seis meses después conocí a mi futura esposa, Diane, que más tarde también vino a vivir al mismo ministerio para ser misionera.

Capítulo 18
- La profecía
Por James Profet

En enero de 1982, después de estar en Sommer Haven durante aproximadamente un año, la Hermana Agnes aceptó una invitación para que los aprendices, los "niños" del rancho Sommer Haven, asistiéramos a un servicio especial en Los Ángeles dirigido por un hermano, John Bishop, que dirigía un ministerio de oración por las naciones. Diane había llegado recientemente a Sommer Haven y unos 40 de nosotros fuimos en coche desde Palmdale hasta la reunión de Los Ángeles.

La sala de reuniones estaba llena de mesas redondas y sillas, y todos nos sentamos donde quisimos. No recuerdo nada del culto, pero después de predicar, el ministro pidió a todos los asistentes que se acercaran al frente y formaran una sola fila, hombro con hombro, para recibir una oración personal. Al avanzar hacia el frente, haciéndome camino para atravesar las mesas redondas, por pura "coincidencia", Diane y yo nos encontramos uno al lado del otro en la fila de oración, hombro con hombro, ella a mi derecha.

El ministro estaba delante, a nuestra derecha, y decidió comenzar a orar por las personas que estaban al otro extremo de la fila, a nuestra izquierda. Al pasar directamente delante de nosotros mientras caminaba hacia el final de la fila, de repente se estremeció con fuerza, como si hubiera sido golpeado por una unción divina. Inmediatamente se dio la vuelta y se enfrentó a Diane y a mí.

Cuando miré sus ojos azules, me sucedió algo que nunca había experimentado antes. Sus ojos azules se convirtieron de repente en portales del Infinito y fue como si estuviera mirando a través de sus ojos hacia la eternidad. Los ojos del ministro se llenaron de lágrimas que le corrían por las mejillas, y me miró a mí y luego a Diane y extendió una mano para tomar la mía y extendió la otra mano para tomar la de Diane. Luego nos profetizó y dijo: "Dios va a usarlos a los dos con mucho amor...". Dijo más cosas, pero en ese momento mi mente estaba acelerada por la conmoción y los pensamientos carnales que decían: "¡Oh, no, este hombre cree que estamos casados!".

No escuché nada más de lo que dijo y, cuando llegó el momento de sentarnos, Diane y yo nos marchamos rápidamente en direcciones opuestas sin dirigirnos la palabra.

Estaba absolutamente avergonzado por lo que había sucedido y, sin embargo, lo medité en mi corazón.

Capítulo 19

Un par de zapatos

Se me viene a la mente un incidente especial que ocurrió en 1993. Mientras estábamos en Sommer Haven, antes de regresar a Mexicali, México en septiembre, nos pidieron que compartiéramos nuestro testimonio, predicáramos y oráramos por la gente de North Hollywood en un desayuno de Fraternidad de Negocios del Evangelio Completo. Teníamos prisa por llegar a la reunión matutina, que quedaba a más de una hora de distancia, así que cogí rápidamente mis zapatos y me subí al coche.

Cuando llegamos al lugar, nos bajamos del coche y mi marido se limpió el polvo de los zapatos, porque donde vivíamos estaba lleno de polvo. Entonces miré mis zapatos y me di cuenta de que llevaba uno de tacón alto y otro de tacón bajo, que además eran totalmente diferentes y de colores completamente distintos.

Así que le dije a mi marido: "Cariño, ¿tienes dinero? No puedo entrar así". Jamie se rio de mis zapatos. Era temprano por la mañana y todas las tiendas estaban cerradas, pero vimos una tienda de segunda mano y había gente haciendo cola hasta que abriera. Mis zapatos llamaban mucho la atención, así que les conté a los demás lo que había pasado y por qué estaba haciendo cola para conseguir un par de zapatos.

Cuando por fin abrieron las puertas, no encontré ningún par de zapatos que me quedara bien. Nos perdimos la parte del desayuno del evento, después de lo cual teníamos que hablar. Debíamos marcharnos porque se nos acababa el tiempo. Una mujer que había estado escuchando mi historia y observándome todo el tiempo se acercó y me dijo: "¿Qué talla calzas?". Le respondí: "Nueve". Me dijo: "El otro día estaba en una tienda y el Señor me impulsó a comprar estos zapatos, puedes quedártelos, ni siquiera son de mi talla". ¡Eran exactamente de mi talla y combinaban con mi atuendo como si estuvieran hechos a medida!

Así es como el Señor obró y me mostró cuán bondadoso y amoroso es con aquellos que le siguen y le aman con todo su corazón.

Capítulo 20

Quechán y México

Durante unos ocho meses entre 1984 y 1985, vivimos en
la reserva indígena quechán, situada en el extremo
sureste de California, a un paso de Yuma, Arizona. El
Señor había obrado a través de la Hermana Pat Capwell
de Sommer Haven para abrir una puerta en la reserva, y
la vida de Dios estaba con nosotros mientras
ministrábamos a la población local. Vivíamos en el
complejo de la Misión Metodista Indígena de Yuma,
dentro de la reserva, con Gabriel y Laura, otra pareja de
Sommer Haven, y un par de mujeres nativas que
supervisaban la misión. Trabajábamos en equipo y
creamos un ministerio de alimentos y nos acercamos a
la comunidad local. La vida fluía hacia los miembros de
la tribu y algunos se sentían profundamente conmovidos.
Nuestro primer hijo, Isaac, nació mientras vivíamos allí.

Jamie había aprendido mucho sobre mecánica,
electricidad y refrigeración mientras estaba en Sommer

Haven y sentía la necesidad de instalar una cámara frigorífica en la misión para conservar los alimentos. Fue increíble cómo se desarrolló todo y cómo consiguió donaciones de materiales de varias empresas de la zona. En resumen, Jamie preparó el terreno, hizo verter tres camiones de hormigón, recibió un camión con equipos de refrigeración usados donados desde Los Ángeles, montó los paneles prefabricados, instaló la electricidad, colocó los compresores, instaló los tubos y completó una cámara frigorífica de 3,6 por 14,6 metros con tres cabinas de refrigeración, que quedó en funcionamiento por tan solo 250 dólares. Construyó un techo de 6 por 16 metros sobre la unidad refrigeradora y una plataforma elevada para descargar las cajas de alimentos. Allí pudimos almacenar los alimentos frescos que luego repartíamos a la comunidad. El ministerio de alimentos era hermoso porque unía a las personas en un propósito común y piadoso, y daba vida a todos los que colaboraban.

Era un proyecto ambicioso pero tuvo una vida corta. En abril de 1985, Agnes nos llamó para que volviéramos a Sommer Haven y, poco tiempo después, Gabriel y Laura fueron llamados a la reserva Blackfeet en Montana. Regresamos a Quechán más adelante, en 1985, aunque solo por un tiempo, porque di a luz a mi segundo hijo Benjamín cerca de la misión, pero a principios de 1986 solo quedaba la gente local de Quechán para llevar adelante el ministerio. Jamie pasó la mayor parte de 1986 a bordo del barco Spirit en Seattle y me reuní con él a principios de mayo. Las unidades de refrigeración funcionaban automáticamente, pero aun así necesitaban mantenimiento y no había nadie que supiera hacerlo. En el verano de 1987, se produjo una ruptura entre las personas de la misión metodista de Yuma que participaban en el ministerio de alimentos y, en una decisión acalorada y repentina, la junta de la misión decidió cerrar el ministerio de alimentos y desmantelar los refrigeradores. En un par de semanas, Jamie desmanteló y se llevó todo. Lamentablemente, al marcharse el equipo, también lo hizo la vida de Dios. El ministerio de la misión perdió fuerza y la visitación de Dios abandonó aquel lugar. Estoy segura de que se perdieron almas.

A principios de 1984 se nos abrió una puerta para conocer a gente en El Centro, California, y se creó una conexión para conocer a cristianos en Mexicali. Terminamos quedándonos en la casa de una pareja de allí y conocimos a los miembros de una iglesia grande. Sentimos que debíamos volver a Mexicali a principios de 1985 y promovimos la visión de Isaías 58 entre los cristianos y las iglesias del lugar. Entonces, en febrero de 1985, se produjo otro incidente que nos mostró una vez más la mano de Dios brindándonos protección. Habíamos pedido prestado un gran camión diésel a un hombre de Mexicali y fuimos con un equipo de voluntarios a El Centro para recoger verduras donadas y distribuirlas entre los pobres de una nueva colonia residencial en las afueras de Mexicali. Todas las "casas" de esa zona estaban fabricadas con cartón y plástico, y queríamos llevar comida donada para la gente.

Para cruzar con el camión cargado de verduras, Jamie consiguió una carta del jefe de la aduana mexicana en la que solicitaba al personal de guardia que nos permitiera entrar a México. Pero algo salió mal y, tras entrar a Mexicali, Jamie fue seguido por cuatro agentes de la policía estatal encubiertos en un coche que intentaron obligarlo a detenerse.

Yo seguía a Jamie desde nuestro coche y no tenía idea de lo que estaba pasando. Pero el coche de la policía estatal intentaba obligar a Jamie, que iba en un gran camión diésel, a detenerse en el arcén. Por una circunstancia increíble, debido a unas obras en la carretera, el coche con los agentes se vio obligado a seguir adelante pasando un semáforo, y Jamie, en lugar de continuar recto hacia donde le esperaba la policía, giró rápidamente a la izquierda y zigzagueó por las calles de la ciudad para perderles. A la mañana siguiente, continuamos con nuestro plan y distribuimos gratuitamente las verduras en la colonia pobre. Poco después salimos de Mexicali y volvimos a Quechán y luego a Sommer Haven.

> "El que ama su vida, la perderá; y el que aborrece su vida en este mundo, para vida eterna la guardará".
>
> — Juan 12:25 (RVR 1960)

En septiembre de 1993 regresamos a Mexicali para ministrar entre las colonias pobres. Teníamos cinco hijos y vivíamos en un autobús escolar donado que habíamos convertido en una autocaravana. El propietario de un terreno de una hectárea en las afueras del sur de Mexicali nos había dado permiso para estacionar y trabajar allí. El terreno tenía una pista de baloncesto, patios y otras comodidades que lo hacían ideal para acoger a los niños.

Rápidamente nos organizamos para acoger a los niños todos los sábados durante cuatro horas, ofreciéndoles clases de la Biblia, manualidades, deportes y almuerzo. Fue una época bendecida. Además, llegamos a otras comunidades pobres para llevarles alimentos y otros suministros, y Jamie tocaba la guitarra, cantaba canciones góspel y ministraba a la gente. Allí conocimos a una mujer llamada Natalia, que se convirtió en nuestra discípula y nos ayudó mucho en la evangelización de las comunidades. Ella llegó a Cristo a través de nuestro ministerio y fue una hermosa incorporación a nuestro equipo.

Nos enteramos de que por aquella zona había una adobería donde la gente fabricaba ladrillos mezclando el barro con los pies. Los niños del lugar nunca habían ido a la escuela, y Natalia y yo solíamos ir a dar clases, utilizando una pizarra para enseñarles español. Además de las lecciones escolares, también les enseñábamos sobre la Biblia. Además, continuamos ministrando a los niños de la comunidad todos los sábados, y yo cocinaba para ellos; cada semana venían alrededor de 70 niños. Organizábamos una escuela bíblica de vacaciones y les ministrábamos regularmente. Muchos de los niños entregaron sus vidas al Señor.

Cuando las madres me veían cocinando para sus hijos, me decían: "Queremos venir a ayudar". Ellas también se salvaron y se convirtieron en mis ayudantes. Mis propios hijos colaboraban en el ministerio y asumían la responsabilidad de ayudar a los otros niños. Teníamos muchos ayudantes que amaban al Señor. E hicimos todo eso durante varios meses.

Hubo momentos en México en los que no teníamos dinero para comprar gasolina para poder movernos. Sorprendentemente, a veces las mujeres pobres y mayores nos daban pesos para mantenernos. Durante ese tiempo, había una mujer que tenía cáncer. Dije: "Tenemos que conseguir medicamentos para esta mujer". Juntamos todo nuestro dinero y oí:

> "El que da al pobre presta al Señor, y él le dará su recompensa".
>
> — Proverbios 19:17 (RVA 2015)

Justo después de eso, recibimos un cheque inesperado de 350 dólares que nos enviaron unos amigos de Canadá.

Había otra mujer que vivía en la calle. Tenía muchos hijos, estaba fuera de quicio y muy descuidada. Venía y se sentaba adonde estaba nuestro ministerio, y Dios comenzó a cambiar su vida. Empezó a peinarse y a cuidar de sus hijos. Su marido, que era alcohólico, también se convirtió. Fue simplemente maravilloso. Se sentía la maravillosa presencia de Dios moviéndose entre los niños y las familias.

Luego, en abril de 1994, surgieron problemas con el propietario del terreno donde vivíamos y, después de orar, escuchamos en el Espíritu que debíamos mudarnos. Se nos abrió una puerta para ver una casa con una capilla adjunta que había sido ofrecida a los misioneros de Sommer Haven, en un pequeño pueblo a las afueras de Vicente Guerrero, a unas cuatro horas al sur de Tijuana, en la costa oeste de Baja California.

La pareja mexicano-estadounidense que tenía la casa nos pidió que fuéramos a vivir allí y asumiéramos el rol de pastores para que ellos pudieran mudarse a su autocaravana, a unos tres kilómetros de distancia, en una gran propiedad que estaban desarrollando para caballos y agricultura. El pueblo no tenía electricidad, agua corriente ni teléfono. Jamie, otro misionero de Sommer Haven y yo condujimos nueve horas desde Sommer Haven para inspeccionar la propiedad. Después, cuando emprendimos el largo viaje de regreso a casa, Jamie me preguntó qué me parecía ir a vivir allí. Yo estaba emocionada y se lo dije. Sin embargo, él se mostró muy negativo y dijo: "No siento en mi corazón que debamos ir allí". Al cabo de un minuto más o menos, Jamie dijo: 'He oído al Espíritu decirme: Ven, es para tu preparación'".

Vivimos en aquel sitio durante unos 18 meses. Aprendimos a adaptarnos y a utilizar un panel solar y una batería en nuestra autocaravana y lámparas de queroseno en la casa para iluminarnos. También utilizábamos un generador para encender las luces de la capilla para los servicios nocturnos. Nuestros frigoríficos funcionaban con propano para mantenerse fríos, y podíamos rellenar los pequeños tanques de propano en un proveedor local. Transportábamos el agua en un gran tanque de plástico con una camioneta y utilizábamos el generador para alimentar una bomba que propulsaba el agua hasta un alto tanque de hormigón, el cual proporcionaba agua por gravedad para el fregadero, la ducha y el inodoro. Era una vida primitiva, especialmente con cinco niños pequeños.

Solo había dos edificios en el lado del pueblo donde vivíamos, y el resto de las casas eran de cartón y plástico. Allí hicimos lo mismo que habíamos hecho en Mexicali, y Natalia vino a ayudarnos. Todos los sábados recibíamos a los niños del pueblo durante varias horas, les dábamos de comer, les enseñábamos y les ministrábamos.

Teníamos servicios religiosos dos veces por semana en los meses cálidos, los domingos por la mañana y los miércoles por la noche, pero en invierno nadie asistía al servicio de la noche. Los aldeanos vivían una vida primitiva, sin calefacción ni electricidad, y en el frío y oscuro invierno, toda la aldea se acostaba a las 6 de la tarde. Visitábamos los hogares y entregábamos donaciones de alimentos a los aldeanos y orábamos con quienes lo deseaban.

Fue una experiencia diferente para nosotros, y parecía que el Señor nos estaba enseñando a reposar en Él. Nos habíamos acostumbrado tanto a trabajar sin descanso durante quince años que ahora parecía que debíamos aprender a reducir el ritmo y a morar en el Señor. Fue difícil para Jamie, pero estaba aprendiendo a estar tranquilo y descansar en Dios, y a liberarse de la necesidad de estar siempre ocupado.

MEXICO

MEXICO

MEXICO

MEXICO

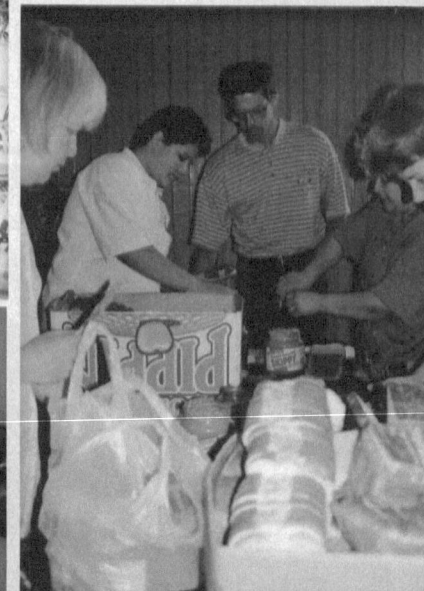

Capítulo 21
- Refugiados chinos en México
Por James Profet

En mayo de 1993, se produjo una situación y una serie de acontecimientos que tuvieron giros inesperados y hacen que esta historia merezca ser contada y recordada.

La Hermana Agnes recibió la visita imprevista de una mujer mexicana que no conocíamos, quien nos pidió ayuda con alimentos y suministros para una necesidad urgente en Mexicali. Un barco había llegado al puerto de Ensenada, Baja California, con su carga habitual y unos 300 refugiados indocumentados procedentes de China. Su intención era permanecer escondidos y viajar hacia el norte para entrar ilegalmente en Estados Unidos. Sin embargo, es muy difícil mantener ocultos a 300 chinos en una ciudad de mexicanos durante más de un breve periodo de tiempo, y su presencia se dio a conocer y todos fueron detenidos por las autoridades mexicanas.

Entonces, ¿dónde se ubica a 300 chinos? Los refugiados chinos fueron trasladados a la única instalación disponible en la región con capacidad suficiente para alojarlos: el estadio deportivo de Mexicali. No había suficiente alimentos, duchas, papel higiénico ni baños limpios y en funcionamiento para todas las personas detenidas allí.

La mujer mexicana, Rosa, que fue la primera en hablar con Agnes, sabía que los chinos necesitarían alimentos y suministros, así que cargamos su furgoneta con comida. Jamie, yo y algunas personas más empaquetamos objetos personales y viajamos en otro vehículo con Rosa durante cinco horas hasta Mexicali. Rosa era muy conocida en la región por su labor humanitaria y, gracias a ella, pudimos acceder al estadio deportivo para preparar y servir comida a los detenidos. Uno de los hombres chinos hablaba algo de inglés, y conversamos con él mientras preparábamos la comida y llegamos a conocerlo. Los mantuvieron en el estadio mientras el gobierno mexicano negociaba con el gobierno chino sobre cómo repatriar a estos refugiados.

Después de pasar un día entero alimentando a 300 personas, cruzamos la frontera hacia Calexico y comimos algo en McDonald's. Hicimos una pausa para dar gracias por la comida.

Un hombre se nos acercó y nos dijo: "He notado que dieron las gracias antes de comer, ustedes deben conocer al Señor". Conversamos un rato y nos contó que era el capellán del centro de detención federal en El Centro, y que estaba tratando de llevar Biblias en chino al pabellón deportivo, pero no podía ingresar. Le dijimos que podíamos ayudarle, nos dio las Biblias y se las llevamos la siguiente vez que fuimos a repartir comida.

Los dos gobiernos tardaron bastante tiempo en negociar. Durante ese período, seguimos ofreciendo nuestro apoyo a los chinos, proporcionándoles comida, orando con ellos y ayudándolos en todo lo que podíamos. Luego volvimos a Sommer Haven para cargar un camión grande con suministros frescos. Después del viaje de regreso a Mexicali, descargamos todo en el estadio deportivo.

Sin embargo, antes de salir de Sommer Haven para conducir a Mexicali, Teresa se acercó a mí y me entregó unas fotos que había tomado con nosotros y con las autoridades mexicanas que supervisaban a los refugiados. Teresa me dijo que sentía que debía darme las fotos para que las llevara conmigo a Mexicali. A la mañana siguiente, cuando llegamos al estadio deportivo, estaba vacío. Nos dijeron que las negociaciones habían concluido y que los 300 refugiados habían sido trasladados del estadio deportivo al aeropuerto de Mexicali la noche anterior.

Nos dirigimos al aeropuerto de Mexicali, que está a solo dos o tres millas al sur de la frontera con Estados Unidos. Se encuentra en medio del desierto, solo hay arena entre el aeropuerto y la frontera. Allí había un avión DC-10 estacionado con los motores en marcha.

Sin embargo, sin que lo supiéramos hasta que llegamos al aeropuerto, algunos de los refugiados chinos habían reducido a sus guardias y escapado hacia la frontera con Estados Unidos.

Los guardias finalmente pudieron detener a la mitad de ellos, pero eso implicaba que más de un centenar de chinos habían escapado en medio de la noche. La mayoría de los fugitivos se dirigieron al norte, hacia la frontera con Estados Unidos, donde fueron detenidos por las autoridades de inmigración y colocados bajo custodia.

Podíamos sentir la intensidad de la opresión; podíamos sentir la gravedad y la pesadez, y queríamos salir de allí rápidamente. Incluso la Hermana Rosa, que tenía influencia entre los peces gordos, me dijo: "Creo que es mejor que salgamos de aquí y rápido".

Los guardias empezaron a señalarnos y a murmurar: "¡Esto es culpa de ustedes!". Yo ya había visto que un policía mexicano había bloqueado deliberadamente nuestro coche en el recinto: ¡no podíamos salir! Nunca en mi vida había tenido tantas ganas de huir, y miraba hacia el norte, hacia la frontera con Estados Unidos, que ahora parecía tan tentadora.

Gracias a Dios por la Hermana Rosa, que ideó un buen plan y dijo: "Creo que solo tenemos que empezar a hacer sándwiches". Y eso hicimos. ¡Los sándwiches salían volando de nuestra nevera portátil! Por casualidad, teníamos ingredientes para hacer muchos sándwiches. Así que los preparamos y los servimos con una gran sonrisa en la cara, aunque por dentro estábamos temblando y lo único que queríamos era estar al norte de la frontera, en la vieja y querida nación de Estados Unidos.

Finalmente, el gran avión DC-10 con unos 170 chinos a bordo despegó. En ese momento, los oficiales y los guardias comenzaron a marcharse, y fue entonces cuando lo vimos a ÉL, el mexicano principal que supervisaba a los chinos en el estadio deportivo. Había sido muy amable con nosotros en el estadio, pero ahora era como si ni siquiera nos conociera. La tensión en el aire era palpable y se podía cortar con un cuchillo.

Nuestro coche estaba atrapado, así que no podíamos salir, y era como si fuéramos los culpables de la fuga de 130 chinos. El oficial al mando que estaba frente a nosotros tenía un cargador con balas en el bolsillo de la camisa y me miraba como si yo fuera el criminal responsable de todo ese lío.

Entonces recordé las fotos que le había dado Teresa. Las saqué y se las mostré al hombre, y él aparecía en algunas de ellas. De repente, el ambiente cambió, el oficial jefe sonrió, cogió las fotos, las miró y se las mostró a los demás que estaban alrededor. Se dieron cuenta de que no teníamos la culpa.

Había una foto en la que salíamos Diane, él y yo, donde estábamos sonriendo juntos. Entonces, el hombre sonrió y todo terminó. Se acercaron otros oficiales y guardias, sonrieron y bromearon, y todo terminó. Se hizo la paz.

El policía que bloqueaba nuestro coche se apartó para dejarnos marchar. Nos despedimos. Nos retiramos. ¡Y le dimos gracias a Dios por habernos liberado! Nos sentimos tan aliviados, seguros, y ya era hora de irnos a casa. Condujimos hasta la casa de Joe y Melinda en Arizona, por fin a salvo, para pasar la noche allí antes de partir hacia Sommer Haven por la mañana.

Nos fuimos a dormir, pero nos despertamos bruscamente con el teléfono de Joe, que sonó alrededor de la una de la madrugada. Joe contestó y dijo: "Jamie, es para ti". Jamie contestó y era Teresa, nuestra amiga de Mexicali, la tía de la mujer que hablaba algo de inglés y nos había ayudado a darles de comer a los chinos. "Jamie, ¿qué vamos a hacer? Media docena de chinos se presentaron en casa de mi sobrina en mitad de la noche". Ahora bien, aunque la mayoría de los chinos, tras la fuga, se dirigieron al norte, hacia la frontera con Estados Unidos, unos pocos se desorientaron y se dirigieron al sur, entre ellos el chino que hablaba inglés y tenía el número de teléfono de uno de nuestros amigos, y otra media docena más con él.

Un mexicano encontró a este grupo de chinos caminando por la carretera y los hizo subir. El que hablaba inglés le mostró el número de teléfono y el hombre llamó a nuestra amiga. Nuestra amiga, Marta, le dijo al hombre que llevara a los chicos chinos a su casa, cosa que hizo, y todavía era de noche. Marta los alojó en una habitación extra que tenía.

El último lugar al que quería ir en ese momento era a México, pero ya no había otra opción. Por la mañana, Joe y yo reunimos comida y nos dirigimos a Mexicali, a la casa de Marta, donde nos reunimos con los chinos. Marta había tenido una visión en la que el Señor le daba una escritura sobre brindar ayuda al extranjero, por lo que Marta sabía que eso era lo que debía hacer. Le dije a Diane que estaba mucho más indeciso debido a lo sucedido el día anterior. Pero oramos y predicamos a los chinos, y todo terminó bien.

El chino que hablaba inglés tenía un tío rico en Nueva York y pudo ponerse en contacto con él. El tío mandó a buscar a todos los chinos varios días después y pudo cruzar la frontera y llegar a Nueva York. El chino que hablaba inglés se mantuvo en contacto con Marta durante años, entregó su vida a Cristo y tuvo una buena vida en Nueva York.

En cuanto a los chinos detenidos por la inmigración estadounidense en la frontera, fueron trasladados al centro de detención federal cerca de El Centro, donde permanecieron durante mucho tiempo. El capellán del centro de detención, al que habíamos conocido en McDonald's unos días antes, les consiguió material en chino y, poco después, conocimos en una iglesia a un chino que se interesó por los refugiados, y lo llevé a El Centro para que predicara a los chinos encarcelados allí. Nuestro amigo chino siguió yendo a El Centro de vez en cuando para visitar y discipular a los reclusos.

¡Vaya experiencia!

1985

SPIRIT SHIP
DON & SONDRA TIPTON
FOUNDERS
FRIENDSHIPS.ORG

Capítulo 22
- El "Spirit Ship"
Por James Profet

A principios de octubre de 1985, un pequeño equipo del Rancho Sommer Haven viajó a Tacoma, Washington, para comenzar la restauración del MV Palisana, un buque de carga de 340 pies perteneciente a la Segunda Guerra Mundial, que llevaba inactivo y sin uso desde aproximadamente 1957.

Don Tipton era hijo de un amigo de la Hermana Agnes Numer y, según recuerdo, ella le había profetizado que tendría barcos para transportar carga, ayuda humanitaria y misioneros a las zonas pobres del litoral. Don adquirió el Palisana como donación para su organización sin fines de lucro y tomó posesión del barco unos días antes de que llegara el equipo para comenzar la restauración.

Imaginen un pequeño grupo de "misioneros" entusiastas pero sin conocimientos tratando de restaurar un inmenso buque de carga para viajar a través de los océanos. Los primeros meses fueron solo de supervivencia. El barco estaba prácticamente muerto, sin ningún sistema en funcionamiento desde hacía casi 30 años. No tenía electricidad, calefacción, agua corriente, agua caliente, y ninguno de sus escasos tripulantes tenía conocimientos náuticos; solo estaban guiados por su fe inquebrantable. Ese primer equipo era muy valiente y finalmente consiguió poner en marcha el generador de emergencia del barco para tener electricidad y empezar a avanzar. El proyecto fue un ejemplo increíble de la providencia de Dios, ya que muchos grupos de voluntarios acudieron para ofrecer su ayuda.

El buque fue trasladado en 1985 gracias a la generosa donación de una empresa de remolcadores de la zona de Seattle hasta la isla de Bainbridge, en el extremo occidental del estrecho de Puget, frente a Seattle. El Palisana pasó a llamarse "Spirit" (espíritu en inglés) y su nuevo hogar quedaba a unas 100 yardas de una empresa de reparación de barcos. No había electricidad en tierra, pero al menos se instalaron una manguera de agua y una línea telefónica subacuática en el barco para ayudar a la tripulación a sobrevivir un poco mejor. El generador de emergencia, aunque tenía ciertos problemas, proporcionaba electricidad suficiente para las luces, las cocinas, los compresores de aire, etc.

Agnes me envió para que colaborara con la restauración del barco a principios de febrero de 1986. Se podría escribir un libro entero sobre el Buque Spirit y sus cinco años de restauración, así como sobre los miles de voluntarios que ayudaron a restaurarlo y los posteriores viajes del Spirit a Europa del Este, África Occidental y América Central, pero ese libro debe ser escrito por otras personas más familiarizadas con toda la historia.

Pasé un año a bordo del Spirit, ayudando a restaurar el motor principal y otros sistemas. Cuando quedó claro que mi plan original de ser voluntario a bordo del Spirit durante solo dos semanas se prolongaría indefinidamente, Diane se reunió conmigo en mayo de 1986 y fue a vivir a bordo con nuestros dos hijos pequeños, Isaac y Benjamín. Diane ayudaba enseñando y cuidando a los hijos de otros voluntarios, así como al realizar otras tareas, mientras yo trabajaba en la maquinaria y los sistemas del barco.

En septiembre de 1986, el Buque Spirit fue trasladado nuevamente por un remolcador hasta la costa de Seattle, donde por fin pudimos conectarnos a la red eléctrica. Tras conectarnos a la red eléctrica, apagué el generador de emergencia del Spirit. Más tarde descubrí que ya no quedaba suficiente combustible diésel para que el generador volviera a arrancar: ¡habíamos utilizado hasta la última gota de combustible diésel para hacer funcionar el generador hasta el momento en que ya no lo necesitábamos!

Recuerdo un incidente que demuestra la gran providencia de Dios al velar por nuestra seguridad. Debíamos tener mucho cuidado con nuestro pequeño hijo Isaac, que solo tenía dos años, pero era muy hábil para escapar y subir a cubierta. El barco estaba atracado en el puerto y la cubierta principal estaba al menos a seis metros sobre el agua. Un día, Diane sintió de repente una advertencia en su espíritu: "Ve a buscar a Isaac, está en la cubierta". Corrió justo a tiempo para ver a otro tripulante agarrar a Isaac cuando estaba a punto de saltar del barco hacia la fría agua del mar.

A principios de 1987, regresamos al rancho Sommer Haven.

FAMILY

Capítulo 23
Mi familia

Cuando el Señor me habló sobre mi marido, Jamie, me vi atraída por el amor que él sentía por Dios. Su amor era tan puro, y podía pasar horas sentado tocando la guitarra. Eso fue lo que me atrajo de él, el amor que sentía por Jesús. Aunque somos muy diferentes, muy, muy diferentes, es el amor a Dios lo que nos mantiene unidos.

Isaac, mi hijo mayor, era profético, y a veces nos daba consejos. Veía cosas y tenía visiones en el espíritu, y todo lo que veía luego se cumplía. Su abuelo pensaba que todo provenía de su imaginación, pero nosotros sabíamos que no era así.

Benjamín fue mi segundo hijo, que nació el día de mi cumpleaños. Era muy hábil con las manos y podía crear objetos preciosos con un hueso.

Rachel, mi hija del medio, tuvo que lidiar con ser la única niña entre todos sus hermanos varones. Rachel

ansiaba mucho tener una hermanita, pero eso no
sucedió. Era muy activa, le gustaba tocarlo todo.
También había momentos en los que se elevaba en
espíritu y oraba.

Nuestra familia con todos mis hijos

Por la época en que nació mi hijo Michael, en 1988,
Jamie estaba trabajando en la descarga de tres vagones
llenos de 7200 bolsas de trigo de veintitrés kilos cada
una, que habían sido donadas para Filipinas. Tenían que
descargar todas esas bolsas a mano y colocarlas en
camiones, para luego almacenarlas en el puerto de Los
Ángeles. El Señor le habló a Jamie antes de que naciera
Michael. Jamie quería llamarlo Andrew, pero oyó al
Señor decirle: "Michael, llámalo Michael". Más tarde ese
mismo día, mientras estaba cuidando a los niños,

empecé a tener contracciones, fui al hospital y, horas
más tarde, di a luz a Michael. Michael siempre tuvo un
corazón tierno y era muy dulce. Sin embargo, tiene una
personalidad de guerrero. Cuando nació, me sacaron de
la habitación en silla de ruedas y el Espíritu de Dios me
llenó de un espíritu de risa. Pensábamos que no íbamos
a tener más hijos, pero el Señor me dijo que tendría
uno más.

Matthew fue el siguiente, el más pequeño y uno de los
favoritos de Agnes. De bebé, se quedaba con ella por las
noches. Siempre comía los caramelos de sus cubos de
dulces. Cuando ella predicaba, él estaba a su lado.
Tenían un vínculo especial y se notaba la impartición. No
podía vivir ocultando las cosas y siempre tenía que
confesar algo si no estaba bien. Empezó a leer a los
cuatro años y leía la Biblia del Rey Jacobo. Podía leer un
libro como este muy rápido y era capaz de entenderlo.

Mis hijos asistían a una escuela cristiana donde ni
siquiera nos cobraban la matrícula. Teníamos que
conducir casi una hora para llevarlos y volver cada
mañana, y otra hora para recogerlos cada tarde. Además,
tenían entrenamientos deportivos, eventos y actividades
escolares, lo que era demasiado. Yo también predicaba y
ministraba, y tenía un buen presentimiento sobre otra
escuela cristiana que estaba más cerca. Un día, sentí
que debía entrar y hablar con los miembros de esa
escuela. Cuando conversé con ellos, me dijeron que
sentían la necesidad de ayudarnos y que creían que
nuestros hijos debían ir a su escuela.

Durante cinco años supervisé su sala de estudio y Jamie sustituía a veces a los profesores cuando se ausentaban. Era una escuela que llegaba hasta decimosegundo grado y era una maravillosa provisión para la educación de nuestros hijos.

JAMES & DIANE
PROFET

FAMILY

Capítulo 24
El Rancho del Rey

Estábamos en un pueblo cerca de Vicente Guerrero, México, viviendo en nuestro autobús con nuestros cinco hijos y ministrando a las personas.

Un día, Jamie dijo: "Siento que tengo que ir a Sommer Haven".

Cuando llegó, había un grupo de personas que iban al Rancho del Rey y le pidieron que los acompañara. Mientras se dirigían hasta aquel sitio, Jamie oyó la voz del Señor que le decía: "Te voy a ubicar aquí". El Rancho del Rey es un centro ministerial situado en unas 45 acres en la zona rural del condado de Kings, California. Cuenta con un edificio principal con cocina, comedor, sala de reuniones y oficinas, así como cabañas para visitantes o miembros del personal, dormitorios, un edificio multiusos y un taller. Nos mudamos a esas instalaciones justo antes de la Navidad de 1995.

Yo estaba a cargo de una escuela bíblica de vacaciones en una aldea de México y fui hasta la lavandería para usar el teléfono y llamar a Sommer Haven. En aquella villa donde vivíamos no había electricidad ni teléfono, entonces fui a la lavandería para llamar a la Hermana Agnes, quien me dijo que Jamie había sido elegido director de El Rancho del Rey. Me quedé muy sorprendida.

Cuando llegamos por primera vez al Rancho del Rey, sentimos la necesidad de realizar una limpieza espiritual debido a los acontecimientos que habían tenido lugar allí en el pasado. El Señor nos indicó hacer una marcha de Jericó, caminando alrededor de la propiedad todos los días. En un principio, planeamos caminar durante siete días, pero mi hijo sintió fuertemente que debíamos hacerlo durante ocho días.

Durante ese tiempo, el clima estaba muy nublado y no salía el sol. Pero el octavo y último día, experimentamos un poderoso milagro. Las nubes comenzaron a disiparse y finalmente salió el sol. Cuando eso sucedió, todos los edificios de la propiedad parecían brillar como el oro. Algo cambió en la atmósfera, fue un momento muy precioso.

Así que me trasladé desde México hasta el Rancho del Rey y empecé a trabajar junto a mi marido para poner en marcha el ministerio allí. Pero mi corazón estaba triste:

habíamos planeado ir a Guatemala, al medio de la selva, para trabajar con las mujeres del lugar. Era algo que latía muy fuerte en mi corazón. Me encontraba enfadada y oraba: "Señor, sé que mi marido ha oído Tu voz... pero yo no siento nada en mi corazón por este lugar".

Entonces, llegó un grupo a nuestra puerta.

Cuando golpearon, abrimos la puerta y nos dijeron: "Hemos oído hablar de ustedes". Eran chicos de Guatemala y algunos de El Salvador. Los invitamos a entrar y el poder de Dios cayó sobre ellos.

Un chico en particular estaba tendido en el suelo llorando, y el Señor me dijo: "Diane, tú no habrías elegido esto, pero yo sí, y traeré a las naciones a ti, y les impartiré, y ellos volverán a las naciones, empoderados por mi espíritu, y harán obras mayores". Dijo: "Incluso los religiosos dirán: ¿De dónde han salido estas personas?".

¿Sabes qué? Estos chicos eran pandilleros. Eran jóvenes que habían pasado por muchas cosas y nadie esperaba que sirvieran a Dios. Pero Él cambió sus vidas. Entonces me rendí inmediatamente al Señor.

El Señor nos indicó que los integráramos. En pocos meses, teníamos doce jóvenes menores de dieciocho años. Habían salido de las pandillas y querían a Jesucristo. Y bueno, ¿qué se hace con doce jóvenes menores de dieciocho años?

Se crea una escuela.

Capítulo 25

El Rancho del Rey -
Escuela ACE

Acogimos a unos chicos jóvenes que habían formado
parte de las pandillas. Eran unos 12 al mismo tiempo,
por lo que tuvimos que crear una escuela para educarlos
porque eran menores de 18 años. También teníamos
cinco hijos propios y familias misioneras que vivían con
nosotros. Entonces realicé un curso de formación en
Accelerated Christian Education (ACE) para obtener la
certificación necesaria que me permitiera abrir una
escuela en el Rancho del Rey.

El Señor nos envió una directora que era maestra
jubilada. Ella y yo, junto con algunas otras personas,
fuimos a la formación en ACE. Cuando llegamos allí, nos
pusimos a hacer el examen. Cuando llegamos así,
rendíamos el examen y debido a mis discapacidades,
literalmente no tenía la capacidad de comprender
mucho. Pasé por esa formación y en ciertos momentos
iba corriendo al baño y lloraba, diciendo: "Dios, no
puedo hacer esto".

Entonces ocurrió un milagro: sentí que Jesús entraba en mi cuerpo. Entró como una brisa suave y me dijo: "Yo haré el examen. No te preocupes. Y cuando termines, te revelaré lo que acabas de hacer". Me tomó de la mano, hizo el examen y aprobé. Aprobé porque Él lo hizo.

Puse en marcha la escuela y el Señor siguió creándola por revelación. Yo simplemente sabía las respuestas y las instrucciones correctas. ¡Me llegaban como un conocimiento revelado! La mayor parte de mi vida ha sido así. He dependido totalmente de la revelación de Dios. Es lo que me guía.

Creo que eso es algo que el Señor quiere hacer con todos los creyentes. Él dice que tenemos la mentalidad de Cristo. Muchas veces, nuestro propio entendimiento y nuestra propia mente se interponen y nos impiden escuchar lo que Él tiene para decir. Por muy cultos o inteligentes que seamos, nunca podremos tener el conocimiento de Dios a nivel humano. Él es siempre mucho más. Sin embargo, podemos pasar toda nuestra vida asimilando Sus enseñanzas y aprendiendo todo lo que podamos.

Uno de los miembros de nuestra junta directiva compartió su testimonio: era un pastor metodista que conocía la Biblia, había ido a la escuela, pero no conocía a Dios. Sin embargo, un día Dios lo visitó y realmente volvió a nacer, lo que cambió todo su ministerio. Se puede aprender mucho de los libros y las conferencias, pero eso es solo conocimiento intelectual. Puedes conocer la Biblia, predicar, enseñar e incluso dirigir una iglesia, y aun así no conocer verdaderamente a Dios. Porque no se trata de información, se trata de una relación. Se trata de conocer a Dios y permitirle que se te revele. Baso la mayor parte de mi educación en cuestiones espirituales, porque Dios las deposita y luego las revela.

Siempre le decía al Señor: "Dios, no quiero solo conocer las Escrituras; quiero conocerte a ti. Quiero vivir de ese modo". Es diferente tener conocimiento a vivir y caminar en Él. Fue increíble que Dios hiciera eso por mí mientras estudiaba para ser maestra.

Enseñaba a doce jóvenes, además de a mis propios hijos, y también contábamos con profesores voluntarios. Primero tuve que aprender cómo funcionaba el programa, cómo ilustrarlo, cómo demostrarlo, cómo hacerlo realidad en la escuela. Así que a eso me dediqué. Cuando estaba en Sommer Haven, trabajé con niños de preescolar. Geri, la profesora principal, me enseñó el programa Montessori. Y luego yo enseñaba Montessori a los más pequeños. Esto también me ayudó a educar a los alumnos de nuestra escuela en El Rancho del Rey.

Este conocimiento revelador afectó a otras áreas de mi vida. Marcó una gran diferencia. Cuando llegué a Sommer Haven, no tenía muchos conocimientos, pero aprendí a cocinar. Mi madre nunca me enseñó a cocinar, así que tuve que aprender. Me quemé y corté los dedos muchas veces, pero con determinación, finalmente aprendí. Ya sabes, no es fácil dar de comer a cien personas.

Me enseñaron a cocinar y eso me ha beneficiado de muchas maneras. Dios utilizó lo que aprendí en lo natural para ayudarme a ministrar en lo espiritual. Ahora acogemos a muchos grupos en los que doy de comer a mucha gente y tengo que decidir cuánta comida prepararles.

Ahí es donde me ayudaron las enseñanzas de Teresa sobre la multiplicación. Yo supervisaba el ministerio de alimentos. Teresa trabajaba conmigo por revelación. Es como si se encendiera una luz que nunca antes había estado allí. El entrenamiento fue a través del Espíritu Santo. Sin embargo, se trataba de cuestiones muy naturales y prácticas, lo cual es muy importante. Podemos ir a la escuela bíblica y adquirir conocimientos teóricos, pero necesitamos ser capaces de aplicarlos en nuestras vidas de una manera natural.

Eso es lo hermoso de ser entrenado por el Espíritu del Señor, porque lo natural y lo espiritual fluyen juntos.

Vemos a muchas personas predicar desde el púlpito sin un carácter piadoso, y eso es realmente desgarrador. Trabajar fielmente en lo natural genera algo que moldea nuestro carácter de un modo tal que no se produciría de ninguna otra forma, especialmente cuando tenemos que arrebatar algo por medio del Espíritu. Produce determinación espiritual e integridad. Crea una determinación espiritual y una integridad que solo se obtienen mediante ese proceso.

Muchos milagros espirituales se producen al perseverar fielmente en el terreno natural.

Agnes diría: **"Haz un trabajo que no te gusta. Hazlo. Te cambiará la vida"**. Y es cierto. Yo enseño, trabajo con muchos jóvenes y les inculco valores. Valores que nunca antes les habían inculcado en sus vidas. Eso es hermoso porque no lo aprenderían de otra manera, solo por asistir a la escuela bíblica. He visto a personas que se han sometido desde lo natural, y la diferencia es notable. Eso verdaderamente construye el carácter de Cristo en ti. A Cristo no le interesa tanto nuestro conocimiento intelectual, sino que está interesado en un espíritu predispuesto y moldeable. A veces, el conocimiento intelectual trae orgullo y el orgullo trae la caída. A lo largo de muchos años de ministerio, he visto a mucha gente llegar muy lejos en Cristo, pero quedarse estancada en un área. Mostrarse incapaz de aprender o tener una actitud orgullosa puede generar una caída.

No importa tanto cómo empezamos la carrera, sino cómo la terminamos.

> "Antes del quebrantamiento es la soberbia, y
> antes de la caída la altivez de espíritu".
>
> — Proverbios 16:18 (RVR 1969)

Tras unos años de trabajar con los chicos, el Señor los guio en diferentes direcciones, algunos al ministerio, otros a carreras profesionales. Uno de ellos incluso se convirtió en médico y nos escribió una carta agradeciéndonos lo que había recibido durante el tiempo que pasó con nosotros.

¡A Dios sea la gloria!

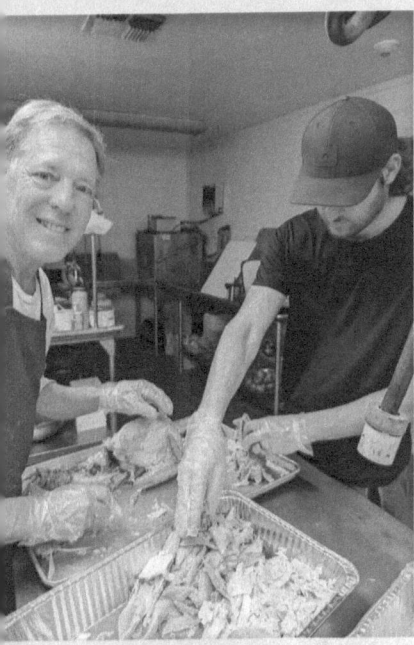

KINGS RANCH

brings good news of happiness, who announces Salvation, And Says to Zion, "Your God reigns!" Isaiah 52:7

Capítulo 26
Una nueva dimensión

Después de que los jóvenes se marcharon a otros lugares, el Señor nos indicó que cerráramos las puertas porque Él vendría a visitarnos. Eso fue a principios de 2001, y a medida que se desarrollaba la visitación, el ministerio pasó a otra dimensión, a otra expresión. En esos tres meses de visitación, el Señor hizo algo que era totalmente nuevo para nosotros.

Primero, me dijo: "Quiero que te acuestes en este sofá y te quedes quieta". Eso fue muy difícil, ya que siempre estábamos en movimiento, constantemente haciendo ministerio. Pero decidí rendirme al proceso. Entonces Él volvió a hablar: "Voy a hacer una cirugía en ti. Quitaré lo que no proviene de Mí. Todo lo que crees que tienes, ponlo en un estante, y yo lo ordenaré. Lo que no procede de Mí, será quitado, y lo que procede de Mí permanecerá".

Ese proceso duró unos tres meses.

Era un tiempo en el que la gloria de Dios descendía y yo apenas podía caminar. Dios me transportó a otra dimensión y comenzó a enseñarme muchas cosas. Cosas que más tarde descubrí que también les estaban sucediendo a otras personas en el cuerpo de Cristo. Dios estaba moviendo a su pueblo hacia lo profético. Era una dimensión diferente.

La presencia de Dios irrumpió para morar con mayor fuerza en El Rancho del Rey. "Voy a usar esto como un hospital espiritual. Muchos miembros de mi pueblo están atados y enfermos, y necesitan este proceso. Este será una potestad para el Reino de Dios, donde ministraré a Mi pueblo".

Jamie y yo dirigimos el ministerio, pero es Dios quien lo guía. Él es quien derrama Su Espíritu y obra en las personas. Nosotros simplemente le ayudamos, pero Él es el Rey.

Empezamos a movernos de una manera diferente, incluso en la adoración de mi marido. Su adoración comenzó a cambiar. Ya no solo cantábamos las canciones cristianas habituales; Dios comenzó a darle visiones a Jamie, y mientras él cantaba esas visiones, la gente caía bajo el poder de Dios.

Los visitantes tenían encuentros con el Señor. Recibían la liberación y la sanidad. La gente caía bajo el poder, y nosotros pensábamos: "Dios mío, estamos durmiendo a todo el mundo". No nos dábamos cuenta de que Dios se estaba derramando sobre la gente.

¿Te acuerdas en Génesis cuando Dios hizo dormir a Adán y le quitó una costilla? De modo similar, Dios estaba poniendo a las personas en un lugar de descanso, quitándoles cosas, ministrándoles, y ellas estaban teniendo encuentros poderosos con Él, incluso los no creyentes. Un hombre vino y dijo que Dios lo había llevado a los lugares celestiales. Experimentamos esto muchas veces. Bueno, Jamie simplemente no lo entendía y decía: "Solo estoy haciendo que todos se duerman".

"Vamos, todos, despierten", decía Jamie. Entonces el Señor le dijo a Jamie: "Estoy realizando una cirugía en la vida de las personas". Experimentamos una dimensión diferente, una que sanaba a las personas y las llevaba a un lugar de descanso donde podían escuchar a Dios y tener una nueva claridad en el espíritu.

Después del período de tres meses, el Señor reabrió las puertas y un pastor bautista preguntó si podía traer a su congregación. Oramos: "Señor, ¿esto proviene de ti? No todos están preparados para recibirlo". El Señor dijo: "Sí". Mientras estaban con nosotros, el hijo del pastor me pidió que orara por él, el poder del Señor vino y el joven cayó al suelo.

Antes de darnos cuenta, había una fila de niños, y todos los que habían venido de su congregación terminaron en el suelo. El pastor iba de un lado a otro, perplejo, porque no era pentecostal, pero lo más singular fue que la gloria de Dios se manifestó de tal manera que los niños no se levantaban. Tuvieron que llevarlos en brazos a sus coches. Fue realmente una demostración de la presencia y la gloria de Dios.

Unos veinte años después, uno de los niños por los que oramos regresó y nos dijo: "Tenía que venir a decirles que nunca he sentido a Dios como lo sentí aquel día cuando tenía cinco años, y eso cambió mi vida".

Damos gracias a Dios por su presencia que toca vidas.

Capítulo 27
El Altar

"Y me alzó el Espíritu y me llevó al atrio interior; y
he aquí que la gloria de Jehová llenó la casa".

— Ezequiel 43:5 (RVR 1960)

En aquel entonces, estaba con nosotros una joven
llamada Diana. Ella manifestó que el Señor le había
dicho que viniera y se quedara seis meses, pero acabó
quedándose seis años. El Señor también trajo a su
marido a su vida durante ese tiempo, y mi marido y yo
tuvimos el honor de oficiar su boda en 2001. Diana y
Javier se quedaron con nosotros durante seis años.

Más tarde, el Señor puso en el corazón de Diana la idea
de organizar una celebración por nuestro vigésimo
aniversario, que se llamó "La reunión de las águilas". Al
final de los seis años, Dios envió a Diana, Javier y su hijo
de vuelta a Chihuahua, México, en el rol de misioneros.

Durante el tiempo que Diana estuvo con nosotros, teníamos una sala de estar en el edificio principal. El Señor le dijo a Diana que creara un altar en esa habitación, altar que sigue allí hasta el día de hoy. Dios comenzó a moverse y empezamos a mejorar el espacio. Él nos guiaba: "Pon esto aquí, pon aquello allá", y a medida que seguíamos Sus instrucciones, Su presencia comenzó a morar allí.

Él me dijo: "Pon fuentes de agua porque yo soy el agua viva". Y cuando la gente iba allí, experimentaba a Dios en lo más profundo de su presencia, como si estuvieran delante de Él. La gente venía, se recostaba en ese espacio y recibía sanidad y liberación. A veces, ni siquiera orábamos por las personas. Dios mismo las liberaba.

Doy gracias a Dios por Diana y Javier; ellos fueron una parte importante de ese movimiento de Dios. Ahora, Dios los está usando en México y durante muchos años fuimos a visitarlos. Dios sigue derramando Su Espíritu en las zonas remotas, en Chihuahua, en las montañas, entre los indígenas, y dondequiera que van, Dios es glorificado en sus vidas.

Muchas personas deseaban la experiencia que ellos recibieron del Señor, ese depósito que se llevaron consigo. Dios deposita Su Espíritu en las personas y las envía de vuelta a su pueblo llevando consigo la impartición. Lo que Dios está obrando es hermoso.

THE ALTAR

Capítulo 28

Un nuevo tipo de adoración

Una mujer se llevó uno de los CD de la música de Jamie a Australia. Había un hombre de África que escuchó la música y se sintió conmovido. Me pidió un CD y se lo di. Más tarde me preguntó si podía usar el CD en su país. Tradujo las canciones a su idioma. A mucha gente le encanta adorar, pero no sabe cómo entrar en lo más profundo de Dios, en Su quietud. Es en esa paz donde se puede recibir tanto del Señor. Este hermano africano tomó la música y comenzó a enseñarla a su pueblo, y eso transformó su iglesia. Condujo a la iglesia hacia un lugar donde la presencia de Dios podía morar.

Cuando la hermana Felistus, de Zambia, nos visitó en 2005 y 2007, también experimentó la quietud, esa profundidad de la rica presencia de Dios, y también llevó lo que había aprendido a su iglesia. Dijo que la gente sentía la presencia de Dios después de haber estado en el centro de ministerio. Contó que se convirtió en otro "Rancho del Rey". La gente venía y aprendía a esperar en Dios, a buscarlo y a entrar en Su dimensión. Cuando estamos alineados con la voluntad de Dios, nos conectamos con Él de una manera diferente y hermosa.

Entrábamos en las casas de las personas y ellos ponían esa música; incluso la reproducían afuera con altavoces. No era nada que hubiéramos inventado, planeado o pensado; era simplemente algo sobre el cual Dios comenzó a inspirar.

Así fue que Dios comenzó a soplar Su Espíritu a través de ese ministerio de música, que llega a las naciones. Todavía lo hacemos, hoy en día.

Capítulo 29
Benjamín

Nunca olvidaré la vez que mi hijo Benjamín tenía unos 11 años y nos encontrábamos inmersos en la oración, envueltos por un poderoso sentimiento de intercesión. No entendíamos del todo por qué estábamos orando, solo que nos sentíamos impulsados a elevar a alguien en la fe.

Ese día, yo estaba en casa y me dirigí al edificio principal del ministerio, a unos 70 metros de distancia. Cuando llegué, había un hombre allí, con aspecto perdido. Al acercarme a él, el espíritu de profecía se agitó dentro de mí y las palabras brotaron: "Estabas a punto de quitarte la vida". Sus ojos se abrieron con sorpresa. "¿Cómo lo sabías?", preguntó con voz temblorosa. Me explicó que una fuerza invisible se había apoderado de sus manos mientras conducía y lo había guiado hasta nuestro centro ministerial.

En ese momento, comencé a ministrarle, compartiendo palabras de esperanza y vida. Él las recibió con el corazón abierto y fui testigo del poder transformador de Dios que se manifestaba ante mis ojos. Más tarde recordé que la Hermana Agnes me había dicho una vez que mi esposo Jamie y yo veríamos a Dios actuar de maneras extraordinarias, que pocos otros experimentarían jamás. Para mí, esto fue una profunda demostración de la mano sobrenatural de Dios en acción.

Acababa de terminar una conferencia para mujeres.

Me habían invitado a ser la oradora principal en una conferencia para mujeres en el sur de California. Esa conferencia realizada en septiembre de 2008 fue increíble. Muchas mujeres fueron liberadas en el altar. Fue un movimiento del Espíritu Santo. Recuerdo que me sentí como si estuviera volando en el Espíritu.

Regresé a mi hogar en El Rancho del Rey, y fue entonces cuando el Señor me dio una visión. Me dijo: "Uno de tus hijos dejará este mundo", pero no me mostró quién era. Me dijo: "No es importante cuánto tiempo vivimos en la tierra, sino dónde terminamos". Me dijo: "Si la semilla no muere, no dará fruto". Lo anoté y lloré durante horas. Por varios días, ni siquiera pude hablar con Jamie para contarle lo que había visto. Mis ojos se habían abierto; era una visión reveladora.

Le dije a Dios que solo necesitaba saber que el niño estaría en el cielo con Él. Eso era todo lo que necesitaba saber. Y le dije: "Pero, ¿puedo interceder, Señor? ¿Puedo interceder?".

Él respondió: "Ya está decidido, así será".

Así que me sometí y dije: "Te lo entrego".

Una de las cosas más difíciles para una madre es ver morir a uno de sus hijos. Es muy doloroso. Aunque el Señor me lo había dicho, me llevó mucho tiempo asimilarlo. En mi interior sabía que no podía cambiar lo que Dios me había mostrado.

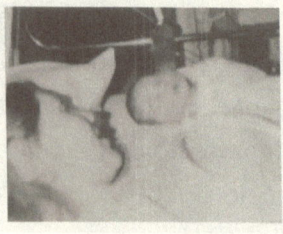

Benjamín al nacer

Fue de una manera sobrenatural como el Señor me ayudó a superar ese momento, aquel 1 de julio de 2011, cuando descubrimos que nuestro hijo Benjamín, de 25

años, se había quitado la vida. Esa noche, como muchas otras, lo vigilábamos porque tomaba medicación para una enfermedad mental. Justo le había preguntado si había tomado la medicación. Es una larga historia, pero solo voy a contar lo que pasó esa noche, no voy a entrar en detalles, quizá en otra ocasión.

Recuerdo que esa noche vino y me besó. Me dijo: "Te quiero, mamá".

No solo entonces, sino días antes, había apoyado la cabeza en mi regazo y me había dicho: "Mamá", y luego había empezado a confesarme cosas de su vida; realmente le había pedido al Señor que lo perdonara. Sabes, realmente clamaba a Dios que le devolviera la cordura.

Benjamín había caído en un lugar oscuro y no sabía cómo salir de allí. A veces, cuando nos alejamos de Dios, hay consecuencias. Sé que Dios podría haberlo sacado de allí, pero hay cosas que no entendemos y cosas que no cuestiono. Tampoco quiero cuestionar nada, porque entonces empiezas a culpar a Dios.

Así que, esa mañana, como de costumbre, fuimos a ver cómo estaba. No estaba allí. Entonces, fuimos a buscarlo a los sitios donde solía estar. Jamie llamó a la policía y les dijo que habíamos perdido a alguien que había tenido pensamientos suicidas y que no estaba en su estado normal.

Por la mañana, oímos una ambulancia, pero no nos dimos cuenta de que era por nuestro Benjamín. Luego vino el investigador y nos preguntó qué llevaba puesto. Le dimos los detalles, y él nos miró y dijo: "Siento decirles que su hijo se quitó la vida esta mañana". Había algo muy profundo, aún muy profundo en mi corazón, que me decía que lo superaría. Realmente no sabía que Benjamín sería el elegido. Te quedas en estado de conmoción, es terrible.

Tuve la horrible tarea de llamar a los niños y contarles lo que había pasado. Y después de llamar al último, sentí una paz que inundó mi corazón. Miré al investigador y le dije: "Está bien, ahora estoy en paz". Era como si estuviera en el pecho de Jesús. Literalmente, en el pecho de Jesús. Y aun así, mi mente seguía procesando las cosas, pero de alguna manera, sentí la presencia de Dios. Mucha gente empezó a llegar de todas partes.

La gente estuvo orando toda la noche. Era como si la presencia del Señor se hubiera intensificado aún más. Sé que había mucha gente allí, ni siquiera sé quiénes eran. Sin embargo, comencé a ministrarles y a consolarlos. Solo Dios podía hacer eso.

Fue algo sobrenatural. Sé que la presencia de Dios realmente aumentó en ese momento, fue una compasión muy profunda. Desde entonces, Dios me ha abierto las puertas para ministrar a muchas personas que han perdido a sus hijos de la misma manera. Es como si

Dios les impartiera Su paz. La semana después del funeral, Jamie y yo fuimos a ministrar a los jóvenes en Bakersfield.

El Señor nos dijo que había un manto que debíamos recoger en el Espíritu, que era el de Benjamín, y que se lo íbamos a dar a esta generación. En esa reunión, el Espíritu de Dios comenzó a manifestarse de una manera hermosa a los jóvenes que asistían al servicio. Desde allí nos dirigimos a México... a Cuauhtémoc, en Chihuahua, México.

Hay momentos, cuando no estaba ministrando a otras personas, en los que sentía emociones profundas. Había momentos en los que procesaba cosas. ¿Sabes a qué me refiero? No es que no llorara, pero en ciertos momentos Dios me sostenía de manera sobrenatural. Yo seguía procesando. Es un proceso por el que hay que pasar.

La muerte de Benjamín me generó conmoción, pero una paz sobrenatural me inundó. En ese momento, sentí como si estuviera apoyada en el pecho de Jesús constantemente. Experimentar ese trauma me ayudó a darme cuenta de que Dios me había dado paz de manera sobrenatural, que ya me había visitado y me había dicho que uno de mis hijos se marcharía.

A veces, no entendemos por qué el Señor obra de la manera en que lo hace. Yo le preguntaba: "¿Por qué te llevas a mi hijo?". Pero era algo que Él ya sabía y había permitido. Quizás Benjamín era la semilla que tenía que morir.

Hacía varios años que, de alguna manera, sabía que algo así iba a pasar.

"De cierto, de cierto os digo, **que si el grano de trigo no cae en la tierra y muere**, queda solo; pero si muere, lleva mucho fruto".

— Juan 12:24 (RVR 1960)

A finales de julio de 2011, poco después de la muerte de Ben, fuimos en coche desde California a Cuauhtémoc, México, para realizar una labor pastoral. Tras el largo viaje, nos fuimos a descansar y, mientras dormía, tuve un sueño. Era más que un sueño: era una visitación de Dios. Estaba durmiendo y era muy real.

En el sueño, Jamie y yo estábamos tratando de arrancar un coche. Nuestro difunto hijo, Benjamín, apareció, se subió al coche y lo arrancó. Una vez que el coche arrancó, Jamie y yo volvimos al coche y Benjamín se acercó a la ventana. Bajé la ventanilla y Benjamín dijo: "Mamá, ¿ves este laberinto?". Me mostró una imagen de un laberinto que conducía a un faro. Me dijo: "Mamá, he llegado al faro. Gracias por todas tus oraciones". Luego me dijo: "Hay tres cosas que el Señor te encarga que hagas en la tierra. Descubrirás cuáles son, y Dios te guiará y te hablará sobre ellas".

El resplandor que tenía Benjamín era tan hermoso. Brillaba e irradiaba la presencia del Señor. La presencia de Dios era tan fuerte que, incluso cuando me desperté, Él seguía estando en la habitación. Se lo conté a Jamie y a los que estaban con nosotros. Ellos también empezaron a sentir la presencia del Señor.

Cuando comencé a compartirlo, Dios levantó nuestros espíritus de una manera hermosa.

En otra ocasión, después de regresar al centro ministerial, nos visitó una profeta de Alemania. Ella dijo: "Veo a tu hijo con las huestes celestiales".

También recibí una canción profética a través de Kimberly y Alberto Riviera, que son adoradores. Me cantaron personalmente esta palabra del Señor: "Veo a las huestes celestiales animándote". Las palabras me parecieron muy conectadas.

En otra oportunidad nuevamente, tres meses después de la muerte de Ben, fui a una conferencia de mujeres y conocí a la oradora, Retha McPherson, que es de Sudáfrica. Ella estaba orando por la gente y se acercó y me impuso las manos. Me profetizó y me dijo: "Has sembrado una semilla muy cara y, a través de esa semilla tan cara, verás la cosecha". Amén.

Sabía que esa semilla cara era mi precioso Benjamín.

Capítulo 30
La provisión de Dios

Cada vez que necesitábamos comida, Dios enviaba a alguien con alimentos. Nunca nos faltó nada, y el Señor siempre nos proveía. Recuerdo que durante la Navidad de 1993 recibimos una donación de unos mil regalos. Armamos muchas bolsas de dulces y comida con lo que la gente había donado. Íbamos a diferentes tiendas donde nos donaban cosas. Gracias a esas donaciones, podíamos alimentar a unos 70 niños a la semana en Mexicali. Estábamos muy involucrados. Nos donaron unos 15 pavos y los cocinamos. También teníamos un autobús, así que cocinábamos la comida y la llevábamos a las zonas más pobres para alimentar a la gente. Repartíamos bolsas de dulces y regalos. Estábamos muy ocupados todo el tiempo haciendo eso. El día que llegó la Navidad, me di cuenta de que ni siquiera había comprado regalos para mis hijos. Estaba tan comprometida con dar a los demás.

Pero Dios... Una pareja de ancianos que vivía en El Centro vino y trajo unos regalos preciosos, grandes y bonitos para mis hijos. Dijeron que el Señor les había impulsado a venir y traer esos regalos. La fidelidad de Dios brilló a través de muchas personas.

Los ingresos que tenemos ahora siguen siendo la provisión que Dios nos da. Desde que estamos aquí, casi nunca nos hemos retrasado en el pago de ninguna factura. Nuestras facturas se pagan, a veces en el último momento, lo cual no es poca cosa, ya que vivimos en un rancho de 47 acres. Las grandes instalaciones, los dormitorios y muchas otras áreas conllevan muchas facturas, como por ejemplo la electricidad. No puedo decirles cómo ni qué, porque nunca cobramos nada. Las únicas ofrendas que pedimos son para las misiones, no para nosotros ni para nuestro ministerio.

Es increíble cómo Dios nos ha provisto. En una oportunidad, alrededor del año 1997, cuando Jamie estaba en la oficina, teníamos que pagar una factura. Jamie empezó a llorar: "Dios, ¿he hecho algo malo?". Siempre hay que examinar tu corazón para asegurarte de que está bien con Dios. El Señor me habló y me dijo: "Ya viene". Así que bajé las escaleras y allí había una mujer. Ella dijo: "Hola, quiero darte esto". Escribió un cheque y pagó la factura. Dios siempre obra de maneras maravillosas y misteriosas.

Teníamos a cargo a todos esos niños, a quienes enseñábamos mientras educábamos a nuestros propios hijos. ¿Cómo íbamos a comprarles los libros y el

material escolar? Dios tenía una forma increíble de
proveer.

Una vez, alguien se quedó dormido al volante y chocó
contra nuestra valla con su coche, llegando incluso a
golpear un árbol. No sufrieron ningún daño y salieron
ilesos, pero su seguro tuvo que pagar los gastos
necesarios para sustituir la valla. Bueno, ese dinero pagó
todos los materiales que necesitábamos y la valla nunca
se reconstruyó.

La gente simplemente venía, enviada por el Señor.
Recuerdo una oportunidad en que una mujer que
pasaba por allí dijo que era de Texas y que el Señor le
había dicho que se detuviera, entrara en el edificio y nos
dejara un cheque. Así que se detuvo, entró y dijo: "El
Señor me ha dicho que deje aquí un cheque". Ni
siquiera sabíamos quién era.

Han pasado más de 40 años y Dios siempre nos ha
provisto. También recuerdo cuando se nos averió el
coche y necesitábamos uno nuevo. Alguien se me acercó
y me dijo: "Reúnete con nosotros en el concesionario y
elige el coche que necesites". Ese es el coche que
tenemos ahora, y estamos muy agradecidos por él.
Pagaron en efectivo allí mismo. Es increíble porque, a
través del ministerio, apoyamos misiones en Zambia,
México, Ecuador, China, las Filipinas y la India. Así que,
desde el ministerio, como vivimos por la fe, también
damos a los demás.

Hay un hombre que ha sido muy valioso y a veces aporta
al ministerio. Le dijimos: "Solo queremos agradecerle su

ofrenda". El hombre respondió: "Yo quiero darles las gracias a ustedes, porque no sé dónde estaría si no hubiera venido a El Rancho del Rey". Él acudió a El Rancho del Rey y fue liberado de las drogas. Él y su esposa habían presentado los papeles para el divorcio. Cuando su esposa lo visitó, estaban muy distanciados. El espíritu de profecía cayó sobre mí y me dijo: "El Señor dice que ustedes van a estar más unidos que nunca". Entonces descubrieron que nunca se habían divorciado, ¡los papeles nunca se tramitaron! Ahora tienen un matrimonio muy sólido. Él dijo que no estaría aquí hoy si Dios no lo hubiera traído a nosotros.

Un día, el Señor nos dijo que siempre nos proveería. Nos comunicó a través de un profeta que incluso nos daría tiempo para las vacaciones. La gente se nos ha acercado y nos ha dicho: "Queremos pagarte y enviarte a un resort". Nos han bendecido pagándonos todo. Incluso tuvimos la oportunidad de ir a un crucero. Ni siquiera habíamos deseado esas cosas, pero el Señor nos ha bendecido.

En una oportunidad, en el año 1997, me regalaron una maleta por mi cumpleaños y, en broma, dije: "Ahora solo me falta un billete a Hawái". Dos semanas después, una amiga me llamó y me dijo: "¿Pueden irse dos semanas de viaje?".

Le respondí: "No lo sé".

Ella respondió: "Bueno, el Señor me ha pedido que pague un billete para que ustedes vayan a Hawái". Cuando nos íbamos, el Señor había puesto mil dólares en nuestras manos para el viaje. Pudimos ir a la parte principal de Hawái y también volamos a Kona, en la isla grande. Teníamos dinero para volar y, en Kona, conocimos a un pastor de Canadá y, unos años más tarde, acabamos ministrando en su iglesia en Columbia Británica. Fue una conexión divina.

En muchos de nuestros viajes, las cosas empiezan de una manera y terminan siendo de otra. En otra ocasión, en 2018, estábamos en las Salas de Sanación en Spokane, Washington, y conocimos a un grupo de mujeres japonesas. El Señor nos pidió que les ministráramos, y la gloria de Dios descendió. Todas ellas quedaron bajo el poder del Espíritu Santo. Nos invitaron a ir a ministrar a Japón, lo cual hicimos al año siguiente. La presencia del Señor estaba con nosotros.

Predicando en El Salvador

En 2002, un joven de Taiwán necesitaba mucha liberación de los demonios que habían afectado su mente. Mientras hablaba con él por teléfono, el Espíritu del Señor cayó sobre Jamie y le indicó que viniera lo más rápido posible. Él vino y se quedó durante dos semanas. El Señor lo liberó, lo puso en libertad y luego le dio dones espirituales. Dios deposita Sus dones en las personas. Ese día recibió el don de la profecía y todavía lo ejerce hoy en día.

Más tarde, después de casarse y tener hijos, nos visitaba con frecuencia en el ministerio. Somos su madre y su padre en el Señor, y sus hijos nos llaman abuela y abuelo. Ahora dirige un ministerio que patrocina a misioneros de otros países. Un anciano taiwanés le inspiró a traducir. Así que traduce escritos y grabaciones del inglés al mandarín y viceversa.

En otra oportunidad, en el año 2017, estaba sentada en mi casa y el Señor me dijo: "Te enviaré a Taiwán". Al día siguiente, este joven nos llamó y nos invitó a ministrar en un crucero que se iba a fletar en septiembre para dar la vuelta a Taiwán durante dos días para adorar, orar, hacer declaraciones proféticas y celebrar una reunión evangelística en una pequeña isla perteneciente a Taiwán. Había 1800 intercesores a bordo, y allí se oró y adoró las 24 horas de cada día. Solo había intercesores en el crucero. Durante los días del crucero, leyeron toda la Biblia, adoraron y oraron por todas las islas. Muchos de los cristianos indígenas taiwaneses también se unieron al crucero.

Es increíble cómo el Señor nos proporcionó todo lo necesario para hacerlo. Los cristianos se reunieron para orar y adorar. Oramos, tuvimos reuniones y ministramos. Nuestras sesiones trajeron liberación y sanidad.

Así es como obra Dios.

Así es como obra Dios. Después del crucero, viajamos a otros lugares de Taiwán, ministrando entre la gente.

> "Se acordarán del Señor y se volverán a él todos
> los confines de la tierra; ante él se postrarán
> todas las familias de las naciones".

> — Salmos 22:27 (NVI)

TAIWAN

TAIWAN

Capítulo 31

Cáncer

En el verano de 2021, llevé a una joven a su cita con el médico y, mientras estaba allí, sentí en mi corazón que debía ir a consultar al dentista. Así que lo hice. Entré y me hicieron un examen, me tomaron radiografías y luego me dieron cita para una limpieza dental. Entré y vi a un dentista afroamericano muy amable, que me dijo: "Cuando usted vino la última vez, no tenía este bulto; tiene que ver a un especialista lo antes posible". Resultó ser que tenía un tumor en el paladar. Ya había notado algo antes, pero no le había prestado atención. Llamé al especialista y me dijeron que tendría que esperar tres meses para que me atendieran.

Volví a llamar al dentista y me dijo: "Déjeme hacer algunas llamadas". Me consiguió una cita inmediatamente. Luego me dijo: "Me gustaría que hicieras un seguimiento. Manténgame al tanto de cómo va todo. Si hay algún problema, hágamelo saber". Fue muy amable. Fui a la cita y ya sabía que algo iba mal.

Sin embargo, estaba completamente en paz. Cuando entró el médico, me dijo que tenían que hacerme una biopsia. Le pregunté si creía que era cáncer. Me dijo que sí. Entonces le respondí: "No se preocupe. Estoy bien. Porque Dios está conmigo". Incluso durante las malas noticias, sabía que Dios estaba conmigo.

La biopsia fue muy dolorosa. El dentista me dijo: "Estoy muy impresionado de cómo has podido mantener la boca abierta durante tanto tiempo". Tardaron dos semanas en darme los resultados. Cuando fui a la siguiente cita, me dijeron que era cáncer, una variante muy agresiva que avanzaba muy rápido. Me comentaron que había una intervención quirúrgica para extirpar el tumor y que también querían que me hicieran radioterapia.

Era maravilloso porque cada vez que entraba, la presencia de Dios llenaba la habitación. En un abrir y cerrar de ojos, todos los médicos entraban y sabían que Dios estaba allí. Podían sentirlo. Luego, tuve que hacerme una resonancia magnética para obtener imágenes del cáncer y programar la cirugía. Corría el riesgo de perder algunas de mis cuerdas vocales. Después de eso, tuve que decidir si me operaba. Conocía a una pastora que tenía cáncer de mama y no quería hacerse revisiones. No quería someterse al procedimiento y acabó falleciendo.

Tenía todos los puntos de vista que se te puedan ocurrir. Jamie sabía que podía haber efectos secundarios muy graves, por lo que no le gustaba mucho la idea de la cirugía. Entonces Mariela, una de mis hijas espirituales, lloró y me dijo que tenía que operarme, y decidí seguir adelante.

Una querida hermana llamada Estela Plata, con la que trabajo en el ministerio, es considerada una mujer milagrosa. Ha tenido cáncer tres veces. Dios le dijo que viniera a estar conmigo, así que voló desde Houston, Texas. Fue una bendición. Hubo varias personas que vinieron solo para estar conmigo.

Aunque no pudieron estar para la cirugía, vinieron antes y estuvieron allí un tiempo después. Entonces Estela vino y oró por mí junto con otras personas. Jamie estaba pasando por un momento muy difícil, ya que realmente no quería que me operaran. En medio de todo eso, escuché al Señor decir: "Esto es para mi gloria". Así que dije: "Me operaré".

Entonces Jamie respondió: "¿Estás segura de que te vas a operar?". Los efectos secundarios eran perder la voz, etc. Pero la alternativa era el cáncer. Para mí no había otra opción, tenía que operarme.

La mañana de la cirugía, Jamie se despertó llorando y me dijo que el Señor le había dicho que todo era para su gloria. Tuve una visión de Jesús en una mesa quirúrgica, detrás del cirujano. Así que busqué la foto y se la di personalmente al cirujano. Eso fue durante la época del COVID, así que nadie podía acompañarme. Solo me dejaron allí. Fue un momento muy solitario entrar por mi propia cuenta, atravesar las puertas, pero sabía que no estaba sola.

Entré y le entregué la foto al médico. Él me dijo: "Gracias". Es al día de hoy que me dice que todavía conserva esa foto. Durante todo ese acontecimiento, sentí mucha paz, una paz muy fuerte. Se suponía que iba a ser una cirugía ambulatoria. ¿Te lo puedes creer? Simplemente entrar y salir. Cuando empezaron, había unos siete cirujanos allí. Dicen que la cirugía no fue menor. En el transcurso, empecé a sangrar, y sangré mucho. Terminé en el hospital durante cinco días, pero el Señor me usó todo el tiempo.

Tenía mucho dolor. Tuvieron que ponerme una sonda para que pudiera comer. Había sangrado tanto que vomitaba mucha sangre. No tenía comunicación con Jamie porque no había traído mi teléfono, ya que pensaba que me darían el alta ese mismo día. Ni siquiera podía levantarme de la cama y tenía que usar un orinal. Sabía que no me darían el alta hasta que pudiera comer.

Sentía una fuerza dentro de mi espíritu. Miré a la enfermera y le dije: "¿Puedo ir al baño?". Ella me respondió: "Te enseñaré a desconectar la bomba de infusión y a llevarla contigo". Y eso hizo. A partir de ese momento, empecé a mejorar. Inmediatamente comencé a orar por ella. También oré por otras personas. La enfermera comenzó a llorar. El Señor la tocó. Jamie consiguió un teléfono para mí hablando con la enfermera, así que pude comunicarme. Me sentía mucho mejor porque podía sentir el apoyo espiritual.

Hablaba muy poco porque no podía abrir bien la boca, entonces me costaba mucho comunicar lo que necesitaba. Me alimentaban con pudín, y apenas podía tragar el chocolate, pero sabía que si quería salir de ese hospital, tenía que hacerlo. No me preguntes cómo, pero lo hice. Salí del hospital y volví a casa.

Había un equipo de personas esperándome. El Señor hizo que la Hermana Minni viniera a ayudarme, ella es enfermera de la UCI. Vino la pastora Rosalinda, una mujer que ha sido como una madre para mí. Todos fueron muy buenos conmigo. Me ofrecían comida normal, pero tenía que comer purés sin especias, ya que cualquier otra cosa me quemaba la boca.

Me extirparon mucho más tejido del que esperaban, porque cuando me operaron, el tumor había crecido. También me extirparon parte de la mandíbula superior. Tuvieron que ponerme una pieza de plástico y cubrirla con mi piel. Por eso había tantos cirujanos.

Cuando volví a casa, no podía abrir la boca. Era muy difícil.

Perdí mucho peso porque no podía comer casi nada, pero estaba muy animada. Cuando venía gente a visitarme, la presencia de Dios era tan poderosa que se iban conmovidos y consolados.

Unas dos o tres semanas después, fui a la consulta de seguimiento. La doctora no paraba de entrar y salir. Finalmente, entró y me dijo: "Tú eres la paciente".

Me dijo: "No puedo creer cómo estás tan bien después de la operación que te han hecho. Por eso no paraba de entrar y salir. Pensaba que me había equivocado de habitación". Pude dar testimonio y compartir que se trataba de Dios y del poder de la oración.

Luego tuve que ir a terapia para aprender a abrir la boca. Tenía que usar palitos de helado para abrir la boca, porque de otro modo no podía hacerlo. Querían que lo hiciera cada dos horas. Era doloroso, pero había que mantenerla abierta. La terapia fue dura, pero Dios siempre fue bueno.

Durante la cirugía, tuvieron que seguir tomando muestras para asegurarse de que no había cáncer. Así que, cuando sacaron todo, supongo que descubrieron que había células cancerígenas muy cerca de donde habían cortado. Entonces me dijeron que debía recibir radioterapia y que querían darme unas 30 sesiones de radioterapia en la boca, lo que me habría hecho mucho daño. No sé si habría podido siquiera hablar. El especialista me dijo que era necesario. Estaban muy preocupados por el cáncer, porque había que actuar con rapidez.

De repente, se me acercó una pareja y me dijo: "Queremos pagarte el tratamiento en el hospital Oasis of Hope, en Tijuana, México". Me dieron un cheque por valor de aproximadamente 24.000 dólares.

Después de unas seis semanas, llamé al Oasis of Hope. Es un conocido hospital de tratamientos alternativos contra el cáncer que trata el cáncer sin quimioterapia.

Allí acude gente de todo el mundo. Envié todos mis informes y me dijeron que fuera, así que eso hice.

Fue increíble. Los médicos oran contigo y te administran intravenosas con vitamina C. Mientras estás sentada en la silla, ellos oran y predican. La presencia de Dios es muy fuerte en el hospital. Ministramos a muchas personas y tocamos el corazón de gente de todo el mundo. Te extraen sangre y, cuando te la vuelven a inyectar, te administran ciertos tratamientos que alertan al cuerpo para que ataque los tumores cancerosos.

Fui a aquel sitio y recibí muchos tratamientos. Aunque estaba muy débil, mejoré y los tratamientos me ayudaron. Me enseñaron a comer, a utilizar alimentos orgánicos y a eliminar el azúcar de mi dieta porque provoca cáncer. Me dieron vídeos sobre cómo cambiar mi dieta. Se come muy poca carne y ningún producto lácteo. Se ingieren alimentos de origen vegetal como la quinoa, las legumbres y las verduras, pero muy poca fruta. Te dan clases y todo.

Después de eso, volví al médico que quería hacerme radioterapia y hablé con él. Querían que fuera a verlo, así que eso hice. Me dijo que podía tener un millón de células cancerosas flotando en mi cabeza en ese momento. Me miró y me dijo: "Deberías haber venido inmediatamente a hacerte estos tratamientos". Al principio no le dije que había ido a México, pero luego se lo conté. Me miró de nuevo y me dijo: "Bueno, dondequiera que encuentres la paz, ve allí".

Todos mis médicos y cirujanos fueron muy valiosos, porque cada uno de ellos venía a verme cuando llegaba. Era como si la presencia de Dios se hiciera presente. No sé cómo explicarlo, pero sentían mucha esperanza. Quizás veían esperanza en mí, ya que muchos de los pacientes no sobreviven.

Los médicos de Oasis me recomendaron que volviera al cabo de un año para someterme a otro tratamiento de mantenimiento con la vacuna de células dendríticas. Algunos amigos y familiares me dijeron que querían pagármelo, y esta vez el tratamiento costaba unos 13.000 dólares. El Señor volvió a proveer para mi tratamiento. No se lo pedí a nadie más que al Señor, y Él me lo proporcionó.

Al igual que con mi hijo Benjamín, sentí como si estuviera apoyada en el pecho de Jesús, exactamente igual. En esta experiencia con el cáncer, sentí que Él era mi proveedor y mi sanador. El Señor provee siempre. El Señor me mostró que, incluso en mis necesidades personales, Él estaba ahí para mí.

Jesús me ayudó a superar este momento de mi vida. Sentí Su presencia durante todo el proceso y ayudé a mucha gente mientras estuve allí. Dios me utilizó para un bien mayor.

Incluso mientras estaba en el Oasis, la gente venía a mi habitación para hablar y orar. Es como si supieran que hay algo diferente en una persona llena del Espíritu. Sabían que éramos ministros y que orábamos por la gente, y eso era muy hermoso.

Después de la segunda visita al Hospital Oasis, todo estaba sanado y hoy me siento bien. Todavía tengo algo de dolor en la boca y siento como si tuviera algo allí todo el tiempo, pero es algo con lo que convivo. Puedo hablar, masticar y tragar con normalidad, aunque debo tener cuidado con la cantidad que como y con la forma en trago la comida. La gente ni siquiera lo sabe porque parezco normal, pero vivo con algunos efectos secundarios de la cirugía. Aprendes a vivir y a estar contenta y agradecida simplemente porque Dios es Dios y Él es bueno.

**OASIS OF HOPE
HOSPITAL**

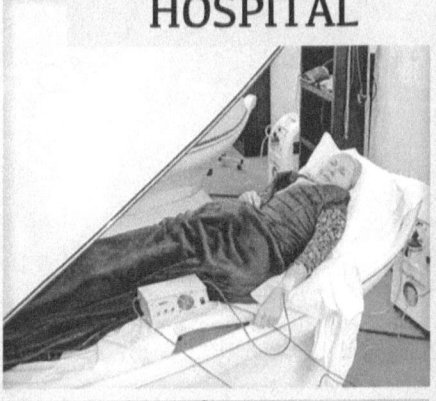
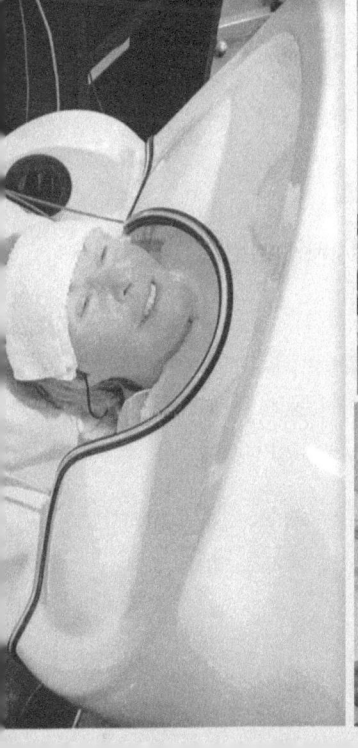

Capítulo 32
La fidelidad de Dios

Estoy muy agradecida por las diversas formas en que Dios obró en mi vida a través de los desafíos, incluso a través del cáncer. Muchas veces pienso que Dios utiliza a los médicos. No hay que creer que se tiene menos fe por necesitar ir al médico. Yo necesitaba pasar por ese proceso debido al cáncer, pero Dios fue glorificado en medio de todo ello por la paz y la presencia divina que los médicos podían sentir. Me dijeron que muchas veces que la gente no lo supera. Jamie conocía a alguien que tenía un cáncer similar, se operó, recibió todos los tratamientos de radioterapia y murió más tarde. Creo que la radiación lo mató.

Sin embargo, el Señor me dijo: "Esto es para mí gloria". Lo hermoso fue que no sentí ningún miedo en ningún momento. Dios es tan bueno y fiel a Sus siervos.

A lo largo de toda mi calvario, muchas personas vinieron a animarme, a darme ánimos y a orar por mí. Una querida hermana me dio una palabra profética que me animó mucho. Estoy muy agradecida a todos los que han formado parte de mi vida y me han ayudado y animado en los retos de recuperación tras la cirugía.

Capítulo 33
Mi día

Nunca hacemos publicidad ni intentamos promocionar el ministerio de El Rancho de Rey. Siempre se ha difundido de boca en boca por aquellos que vienen y quedan profundamente conmovidos. Como sus vidas han sido tocadas o transformadas, van y se lo cuentan a otros. Si son de otro país, a menudo quieren que personas de su propia nación vengan y experimenten lo que ellos mismos han vivido. Todo ha sucedido gracias al boca a boca, a través de las vidas que han sido transformadas, y al deseo de que otros experimenten la misma libertad que ellos han encontrado.

Mi día consiste en estar con gente, cocinar, limpiar, mentorear, enseñar y orar. Orar y simplemente habitar el lugar tranquilo de Su presencia. No siempre es fácil y requiere una comunión constante con el Señor.

Trabajamos con iglesias y pastores. Los pastores acuden a nosotros para que ayudemos a su gente. Siempre estamos ahí, ejerciendo el ministerio, brindándonos, sanando, enseñando, alimentando a la gente, por supuesto, y ejerciendo todas las cuestiones naturales que acompañan al ministerio. Como dijo Agnes, aprendemos a caminar en el Espíritu. Cuando estás en el Espíritu, puedes hacer todas las cosas.

Una de las cosas que aprendí de la Hermana Agnes es a vivir, movernos y existir en Él, a rendirnos totalmente. Nos convertimos en nada, para que Él pueda entrar y abarcarlo todo, y ser glorificado a través de nuestras vidas. La gente está buscando a Jesús y debe verlo en ti. Cuando traes la naturaleza de Cristo, los demás pueden verlo y sentirlo de manera tangible. Vivir tu fe tiene más impacto que simplemente darle a alguien un folleto. Como diría Agnes, debemos convertirnos en esa epístola viviente.

Este versículo ha sido uno de mis favoritos:

"Sino que lo necio del mundo escogió Dios, para avergonzar a los sabios; y lo débil del mundo escogió Dios, para avergonzar a lo fuerte".

— 1 Corintios 1:27 (RVR 1960)

Para el mundo, yo sería considerada una persona ingenua. Especialmente porque fui una niña que creció sin rumbo en la vida, cuya madre sufrió muchas penurias, cuyo padre murió, que no terminó la secundaria, cuyo hermano estaba en una pandilla... Sin embargo, Dios me acogió porque conocía mi corazón y me concedió el privilegio de ponerme al lado de la Hermana Agnes I. Numer, que fue formada por Jesús. Dios utilizó esto para cambiar mi vida y enviarme por todo el mundo, para Su gloria.

La Hermana Agnes me pidió que fuera a vivir a Sommer Haven cuando me conoció la primera noche. Esa noche, oró conmigo y me lo pidió. Nunca antes me había visto. No sabía que yo deseaba tanto ser libre, rendirme y ser formada por el Espíritu Santo. Sin embargo, el Espíritu del Señor sí lo sabía. Él le susurró a su corazón que me lo pidiera. No te das cuenta hasta que miras atrás de todo lo que Dios ha hecho y de todo lo que sigue haciendo. Estamos constantemente en un proceso de convertirnos en semejantes a Él.

He visto a mucha gente que no ha terminado la carrera. **Mi deseo es animarte a que, sin importar las dificultades o los problemas, termines tu carrera.** A veces tenemos una imagen de cómo será nuestra vida o cómo serán nuestros hijos. Nunca hubiera pensado que pasaría por las cosas que he pasado. Sin embargo, eso no significa que Dios nos haya abandonado. Puede significar que Él nos ha confiado pasar por estas cosas, y que no negaremos Su nombre.

Y debemos aceptar el sufrimiento.

Esta sociedad no quiere abrazar ningún sufrimiento. Lo que quiere son bendiciones. Les digo que en la obra del ministerio, al igual que los apóstoles pasaron por cosas, nosotros también las pasaremos. Pero es la forma en que nos rendimos a través de ellas lo que nos califica ante Dios, por lo que Él sabrá que puede confiarnos Su gloria.

Capítulo 34
Una perspectiva diferente

Conocí a Kathy Smith en julio de 1982, cuando llegó a Sommer para ser discipulada en el Señor. En aquel entonces, nos hicimos muy amigas y nos sentimos atraídas la una por la otra. Kathy me ayudó a darme cuenta de algunas cuestiones sobre mí misma. Ella era empresaria y yo misionera, pero teníamos cosas en común. Cuando formas parte de la familia de Dios, siempre tienes todo en común. Tenemos una dulce comunión y nos instamos mutuamente al amor y a las buenas obras. Me gustaría compartir algunas de las cosas que Kathy ha compartido conmigo, con la esperanza de que animen a seguir adelante a otras personas dentro del ministerio.

Lo que más me llama la atención, Diane, es que te he observado desde que nos reencontramos, después de varios años, quizá cinco años. Es la misma cualidad que vi allá por 1982, y que es parte del motivo por el cual me quedé en

Sommer Haven. Tienes un espíritu genuino, dulce, amable y puro. Te describiría como una persona sin engaño. Jesús utilizó esta palabra en la Biblia para referirse a Natanael. Y yo veo eso en ti. Para mí, eso vale más que mil millones de dólares. Es la paz que hay en ti, a pesar de que yo estoy en el mundo de los negocios y tú en el mundo misionero, ¿verdad? Tú conoces a mucha gente, pero he observado que, a pesar de las diferentes situaciones y actitudes, no te ves afectada en absoluto.

Contigo, lo que más me llama la atención es cómo contestas las llamadas telefónicas. Es raro que no contestes, y solo dejas de hacerlo durante las reuniones de oración, pero siempre devuelves las llamadas. Esa es una cualidad increíble que se necesita en el cuerpo de Cristo, porque como ministro, debes estar disponible. Alguien podría estar muriendo, podría pasar cualquier cosa, incluso un suicidio. Un ministro debe estar siempre alerta, debe mirar sus mensajes de texto, ver... y eso es algo que he notado en ti. Siempre estás disponible para orar por alguien. Cuando te llamo, muchas veces ni siquiera te pido que ores, tan solo hablamos, y tú empiezas a orar. Tu vida también implica la unión fluida y continua de lo natural y lo espiritual, sin forzarlo. Cuando cocinas, limpias, tratas con esta o aquella persona, organizas una fiesta, en todas las cosas, fluyes entre lo natural y lo espiritual.

Cualquier otra persona en tu lugar probablemente se quejaría o se lamentaría, porque es mucho trabajo. Sin embargo, tú no te quejas. Podrías estar orando en el Espíritu por toda una iglesia, o tener que alimentar a un gran grupo de personas. No te quejas ni te lamentas por las cosas que no salen como tú quieres.

Si eres fiel en esas cosas, serás fiel en muchas otras. Las cosas pequeñas siguen siendo grandes para ti. Veo en ti lo que vi en Agnes en 1982 en Nueva York. Recuerdo que dije: "Esta mujer tiene algo", y añadí: "Tiene autoridad y capacidad". Y esa misma cualidad está en ti, Diane. Te fue depositada.

Eso también fue parte de lo que se depositó en ti. La capacidad de orar durante largos periodos de tiempo, algo que muy pocos cristianos son capaces de hacer. Jesús dijo: "Id y haced discípulos". Entonces, es como un paquete completo que Dios te dio cuando te sentaste a los pies de Agnes y no tenías rumbo ni propósito en la vida.

Dijiste que no tenías formación, nada, ningún propósito, ninguna dirección. Pero, sin embargo, a mí me resulta realmente asombroso. Es el depósito que Dios puso en ti a través de la persona que eligió para formarte, y que ahora utilizas en el ministerio por todo el mundo. Por lo tanto, cualquiera sea la persona con quien Dios

nos ponga, debemos estimarla y atesorarla,
porque si no te hubieras sentado a escuchar a las
personas que estaban delante de ti, quizá no
tendrías el ministerio que tienes hoy.

— Kathy Smith

Dios ha usado estas palabras para animarme en el
ministerio en el que sirvo hoy. Rodéate de personas que
aman y sirven al Señor, y verás cómo sus vidas te
afectan y te también te incentivan.

Capítulo 35

El pueblo de Dios
necesita paz

"Tú guardarás en completa paz a aquel cuyo
pensamiento en ti persevera; porque en ti ha
confiado. Confiad en Jehová perpetuamente,
porque en Jehová el Señor está la fortaleza de
los siglos. Porque derribó a los que moraban
en lugar sublime; humilló a la ciudad exaltada,
la humilló hasta la tierra, la derribó hasta el
polvo".

— Isaías 26: 3-5 (RVR 1960)

El pueblo de Dios necesita paz; ves que hay muchas
cosas que no traen paz a las personas, ¿verdad?
Nosotros, como cristianos, podemos aferrarnos a esta
escritura, y si podemos encontrar a alguien como la
Hermana Agnes que nos guíe y nos oriente, entonces
podremos caminar con Él. Cuando estaba con Agnes,
ella me liberaba durante la noche. Teresa tuvo la
paciencia de trabajar conmigo y vio que no era rebeldía

cuando yo hacía lo contrario de lo que ella me decía. Simplemente no podía hacerlo porque no tenía la capacidad hasta que Dios sanó y restauró mi vida. Esa es la parte profunda, porque cuando tu vida es restaurada, entonces quieres ver restauradas las vidas de los demás. Recibimos, y damos libremente.

> "Jehová Dios nuestro, otros señores fuera de ti se han enseñoreado de nosotros; pero en ti solamente nos acordaremos de tu nombre. Muertos son, no vivirán; han fallecido, no resucitarán; porque los castigaste, y destruiste y deshiciste todo su recuerdo".
>
> Isaías 26: 12-14 (RVR 1960)

Para mí, dedicar tiempo al ministerio es mi pasión. Aunque solo ministres a una persona, vale la pena. ¿Tenemos idea de lo que puede hacer una persona conectada con Dios? No se trata de números, sino de calidad, y creo que es muy valioso invertir en la vida de una persona. Debes ser sabio porque quieres invertir en alguien que sabes que va a hacer algo con lo que Dios le ha dado.

> "No deis lo santo a los perros, ni echéis vuestras perlas delante de los cerdos, no sea que las pisoteen, y se vuelvan y os despedacen".
>
> — Mateo 7:6 (RVR 1960)

Nunca se sabe, a veces los que pensabas que obedecerían el propósito de Dios para sus vidas son precisamente los que no lo hacen, al menos no de inmediato. Y los que no estás seguro de que vayan a obedecer a Dios se vuelven grandes a Sus ojos. Debemos ser pacientes y fieles para dar lo que Dios nos da. **Con solo doce, Jesús llegó al mundo.** Solo tenemos que mantener nuestros ojos fijos en Él.

Cuando el Señor nos trasladó a una nueva dimensión, dijo: "Esto va a ser un hospital espiritual". Ha habido muchos que han estado en el ministerio y han caído, pero el Señor nos ha usado para ayudar a restaurarlos. Teníamos un pastor que venía de una gran iglesia en México. Había caído en el adulterio, había caído en el pecado. Alguien le recomendó que viniera, y el Señor lo restauró, restauró su matrimonio, y cuando regresó, su ministerio se duplicó.

Hay una gran necesidad en el cuerpo de Cristo. Tengo un corazón que desea ver a las personas venir a Cristo, pero también tengo un corazón que desea ver a las personas permanecer en Cristo y desarrollarse en Dios. Hemos visto a demasiadas personas caer, personas que nunca hubiéramos imaginado que caerían.

Aun así, sé que no he alcanzado todo lo que Dios tiene para mí. ¿Entienden lo que quiero decir? Sé que solo estamos rascando la superficie. Siento que es solo una gota en el océano, incluso viendo todo lo que el Señor ha hecho.

Agnes nos dio una palabra profética. Agnes no dio muchas palabras, pero cuando lo hizo, sabías que era del Señor. Dijo que Jamie y yo veríamos a Dios moverse de maneras que pocos habían conocido jamás. Nos dio esa palabra. También dijo: "Los veo con mucha juventud". Y eso es exactamente lo que ha hecho el Señor.

Hemos pasado por muchas cosas. Quiero decir, personalmente, hemos pasado por muchas cosas, pero Dios nos ha sostenido.

Quizás el mensaje que puedo transmitir a la gente es que, sin importar cómo se vean las cosas, no se alejen de Dios ni lo culpen a Dios tampoco.

> "¿Qué podemos decir acerca de cosas tan maravillosas como estas? Si Dios está a favor de nosotros, ¿quién podrá ponerse en nuestra contra?"
>
> — Romanos 8:31 (NTV)

Capítulo 36
Que mi vida sea un testimonio

Mi vida no siempre ha sido hermosa; ha habido momentos de tristeza y pruebas, junto con momentos de alegría y felicidad. Pero, por encima de todo, Dios ha reinado. Él reina sobre mi pasado, sobre mi presente y sobre mi futuro. Él me ha amado a través de todo lo que he pasado. Confío en Él porque siempre es fiel. Mi esperanza es que puedas encontrar Su salvación y Su amor en medio de estas palabras que he escrito. Que mi vida sea un testimonio para muchos.

Tu vida también es un testimonio. Es un testimonio que puede incluir amor, risas, fe, pruebas, momentos de todo tipo. **Tú eres el único que puede decidir cómo usar tu testimonio.**

Que encuentres consuelo en las palabras que has leído y pongas tu fe en el Dios que ve. Él es quien te llevará hasta que lo veas cara a cara.

"Y Jehová va delante de ti; él estará contigo, no te dejará, ni te desamparará; no temas ni te intimides".

— Deuteronomio 31:8 (RVR 1960)

Más viajes misioneros

GUATEMALA

- Guatemala - 1992

Por James Profet

En junio de 1992, un pastor guatemalteco que vivía al
este del Rancho Sommer Haven, con quien había volado
a Guatemala durante tres semanas el año anterior,
sentía la una carga espiritual de llevar ropa,
medicamentos y una lancha motora hasta Guatemala.
No era gran cosa, solo un viaje de 5.000 kilómetros por
carreteras estrechas, horribles y llenas de baches,
cruzando ríos desbordados y caminos arrasados en
territorio controlado por cárteles mexicanos, por no
mencionar los controles del Gobierno. Era difícil saber
quiénes eran los terroristas.

Viéndolo en retrospectiva, el viaje estuvo viciado desde
el principio. Nuestro amigo pastor guatemalteco no hizo
su trabajo de investigación y simplemente asumió que la
lancha vieja, gastada y sin mantenimiento que había
comprado por 200 dólares, sería perfecta para los
pastores de Chixoy, un río rápido pero poco profundo,
que requería embarcaciones estrechas, maniobrables y

de fondo poco profundo, con motores portátiles de poco calado en la parte trasera. Los pastores que vivían a lo largo del río dependían de las lanchas a motor para desplazarse, ya que viajar por la selva era lento y complicado. Cinco mil kilómetros más tarde, los pastores que habían viajado durante días para recoger su "regalo" lo declararon inservible y se marcharon decepcionados. Después de eso, los funcionarios de aduanas guatemaltecos impusieron un arancel de 2.000 dólares estadounidenses al barco solo para sacarlo del depósito aduanero. Supongo que los funcionarios corruptos querían quedarse con la embarcación. Dejársela era como una venganza, ya que ellos no sabían, al igual que nosotros, que era tan solo un montón de chatarra. Pero me estoy adelantando...

Entonces, ¿cómo llevamos todos los suministros a Guatemala? Bueno, Don Tipton, el propietario del Barco Spirit, tenía un viejo autobús escolar que quería donar a una iglesia de la ciudad de Guatemala, pero no tenía a nadie que lo llevara hasta allí. Nuestro pastor amigo guatemalteco poseía suministros para llevar a Guatemala, pero no tenía cómo transportarlos. Ahora ya ves la conexión. Don Tipton me dio 600 dólares para cargar gasolina y llevar el autobús a Guatemala, así que nos pusimos en marcha. Pero antes me llevé todas las herramientas imaginables, anticipándome a las necesidades. Acabé utilizando la mayoría de ellas debido a las traicioneras carreteras mexicanas.

En total, fue un viaje de ocho semanas plagado de peligros en la carretera y de incesantes encuentros con personas corruptas. Sin embargo, en medio de todo ello, Dios estaba presente allí para animarnos y utilizarnos. En particular, hubo un tiempo de ministerio que duró tres días en un pueblo a orillas del río Chixoy, donde se hablaba el idioma k'iche'. Diane y yo hablábamos en inglés, nuestro amigo pastor interpretaba al español y otro pastor interpretaba al k'iche'. Los habitantes del pueblo eran hermosos e inocentes, y creo que se sintieron conmovidos por nuestro ministerio. Mientras estábamos allí, interactuando con las mujeres, Diane sintió el deseo de quedarse y volver a vivir con ellas. También fuimos a Almolonga, una ciudad que en el pasado había estado sumida en la corrupción y el libertinaje, pero que gracias al Evangelio en gran parte se había salvado y vuelto hermosa. Dios bendijo su tierra para que produjera abundantemente, y vimos frutas y verduras increíblemente grandes. También participamos allí en un gran desfile con miles de nativos que celebraban la inauguración de una nueva y gran iglesia. El tema del desfile era "Jesús es el Señor". Las mujeres indígenas vistieron a Diane con su traje típico y ella se sintió privilegiada de poder desfilar con ellas. Aprendimos mucho en este viaje a Guatemala, sobre lo que hay que hacer y lo que no hay que hacer.

Estoy agradecida de que hayamos regresado, porque algunos no lo hicieron: había vehículos quemados y accidentados a lo largo de toda la carretera.

GUATEMALA

Guatemala y los disparos

En noviembre de 2000, conocí a una mujer llamada Irma, de Guatemala, mientras me encontraba en Los Ángeles. Durante ese tiempo, el Señor tocó radicalmente a su hijo cuando oré por él y le ministré por teléfono. El joven había estado muy perdido, pero después de esa oración, Dios se movió en su vida de una manera poderosa. Recibió a Jesús, tiró toda su pornografía, rompió con su novia y se entregó al Señor. Comenzó a estar hambriento de las cosas de Dios y quiso vivir una vida santa. En esa misma época, un grupo de intercesores se preparaba para ir a Guatemala y me invitaron a acompañarlos en su viaje. Irma formaba parte del equipo de intercesores.

Dije: "Señor, si quieres que vaya a este viaje, tú me abrirás el camino". Vivimos por fe y confiamos en que Dios suplirá nuestras necesidades y nos proveerá.

Esa misma noche, recibí una llamada telefónica del hijo de Irma. Me dijo: "El Señor me indicó en mi corazón que pagara tu boleto". Y así, sin más, Dios me abrió el camino.

Sin embargo, en ese momento no tenía mucha ropa. Rara vez iba de compras, y las prendas que usaba eran en su mayoría ropa donada por nuestro ministerio de vestimenta. Oré: "Señor, realmente necesito algo para ponerme para este viaje". Tomé un tren a Los Ángeles, donde volaría con el grupo un par de días más tarde, y una nueva amiga, Diana, me recogió.

Visitamos una iglesia grande, en la que formaban parte muchas de las mujeres que iban al viaje. Al entrar, una mujer se me acercó y me dijo: "Tú eres la elegida. El Señor me ha dicho que te lleve al centro comercial y te compre todo lo que necesites, todo lo que quieras". Me quedé atónita. Me compró todo lo que necesitaba para el viaje. ¿Lo más increíble? Ella ni siquiera tenía pensado ir a la iglesia ese día. Estaba en su casa cuando el Señor le dijo que fuera a la iglesia y buscara a una mujer. Esa mujer era yo.

Ese viaje a Guatemala estuvo profundamente ungido. Ayuné durante siete días seguidos y nunca sentí hambre mientras íbamos de casa en casa, de lugar en lugar, orando por las personas y para que la libertad entrara en sus vidas. Estaba muy agradecida por la provisión, por la obediencia de aquellos que escucharon la voz de Dios y por la oportunidad de ir y servir.

A veces, cuando viajamos, llegamos a lugares muy peligrosos, donde nuestras vidas pueden estar en riesgo. En México, fuimos perseguidos por la policía estatal y nuestras vidas corrieron peligro, pero Dios nos sacó de allí.

Pero al emprender este viaje en particular, le dije a mi esposo: "¿Sabes qué? Si tengo que dar mi vida por el reino de Dios, por ir y compartir, entonces estoy dispuesta a hacerlo". Llegué a Guatemala con un grupo de mujeres y ministramos durante varios días. Los últimos días que estuvimos allí, nos encontrábamos en una zona muy peligrosa. Acabábamos de llegar a la casa de una persona que vivía en un barrio marginal, cuando alguien intentó entrar por la puerta, y empezamos a oír disparos.

Nuestros anfitriones dijeron: "Oh, probablemente vienen a por ti, Diane, porque saben que eres estadounidense". Todas las mujeres con las que viajaba eran hispanas, de Guatemala o México, y yo era la única que tenía la piel clara. Empecé a sentir mucho miedo. Llamé a Jamie y, gracias a Dios, pude comunicarme con él.

Jamie me dijo: "Recuerda, Diane, dijiste que darías tu vida si fuera necesario". A veces decimos cosas y Dios nos pone a prueba. Créanme, sentí mucho miedo.

No me había dado cuenta de que tenía miedo. Recuerdo toda la noche, los disparos. Les dije: "Llamen a la policía". Me respondieron: "No podemos, tienen miedo de venir a esta zona". El Señor me puso a prueba.

A la mañana siguiente, cuando nos despertamos, dimos gracias a Dios por habernos protegido durante toda la noche. Más tarde nos enteramos de que habíamos estado en medio de una pelea entre pandillas. Solo me quedaban dos días para volver a casa y estaba ansiosa por marcharme. Durante ese tiempo, Dios me reveló mis puntos débiles, los lugares donde el miedo se había arraigado y donde no confiaba plenamente en Él. Me mostró que necesitaba que Él me quitara ese miedo y me enseñara a confiar siempre en Él.

Aprendí una cosa: hay que tener mucho cuidado con lo que se dice. Dios me ayudó a superar este proceso y ahora me siento más preparada que entonces. No me había dado cuenta de cuánto miedo había dentro de mí.

Esa fue la lección que Dios me enseñó.

Venezuela

En enero de 1995, cuando vivíamos en la aldea de México, recibimos la invitación de un pastor venezolano que se había alojado en Sommer Haven durante un tiempo para ir a visitar Venezuela y enseñar sobre la visión de Isaías 58. Una pareja de misioneros de Sommer Haven vino a México para liderar el ministerio en la aldea mientras Jamie y yo hacíamos las maletas, recogíamos a los niños y conducíamos durante diez horas de regreso a Sommer Haven. A la semana siguiente estábamos en Sudamérica y nuestros hijos se quedaron en Sommer Haven y en un centro misionero relacionado en Oregón. Siempre era increíble cómo el Señor nos proveía. No teníamos salario ni ingresos regulares de ningún tipo, pero las personas que nos conocían se sintieron impulsadas a darnos dinero para el viaje.

Jamie y yo estuvimos en Venezuela durante unas seis semanas. Ministramos en iglesias, compartimos la visión de Isaías 58 en reuniones, visitamos muchos hogares y oramos. Nos alojaron en un complejo de oración situado en el centro de la ciudad de nuestro anfitrión. Era una zona difícil, pero no nos sentimos incómodos.

Compartiré solo un episodio de nuestra estadía allí.

Un día, un pastor local vino a visitar a nuestro pastor anfitrión para pedirle ayuda con una situación grave. El pastor visitante tenía una prima que había vivido muchos años en Colorado, pero que de alguna manera había perdido la cabeza y la familia había intentado todo para ayudar a la joven, sin éxito. Su último recurso era traer a la joven de regreso a su país natal, Venezuela, para que su primo pastor viera si podía proporcionarle ayuda espiritual, ya que la familia de la joven sospechaba que la causa principal era una actividad demoníaca. Al día siguiente, el lunes por la mañana, la familia trajo a la joven al recinto de oración donde Jamie y yo nos alojábamos. Estaba realmente fuera de sí. Nuestro pastor anfitrión decidió que no se podía ayudar a la joven, pero le pedí que nos dejara pasar un rato con ella. La familia accedió a recogerla el viernes por la tarde, ya que al día siguiente, sábado, todos volaban a otro lugar de Venezuela donde vivían. La niña se quedó con nosotros en el recinto toda la semana, y yo dormí a su lado orando por ella durante toda la noche, y durante el día Jamie y yo tuvimos largas sesiones de oración y liberación con ella. El viernes por la tarde, cuando la familia volvió a recogerla, la niña estaba mucho mejor, el viernes por la noche estaba aún mejor y, según nos enteramos más tarde, el sábado por la mañana estaba casi normal.

Nunca la volvimos a ver, pero nos enteramos de que se recuperó por completo, se casó, tuvo hijos y vivió una vida normal. La última información que tuvimos de ella es que tenía un recuerdo muy vago de una pareja estadounidense que oró por su liberación, restauración y sanación mental.

Regresamos a casa desde Venezuela a Sommer Haven y luego a nuestra aldea en México en marzo de 1995, y volvimos a visitar Venezuela por última vez en noviembre de ese año, para asistir a una cruzada de avivamiento de dos semanas en un estadio y ministerio general.

Después de eso, en diciembre de 1995, regresamos a la aldea de México por última vez, nos despedimos, trasladamos nuestras pertenencias y vehículos, y cruzamos la siguiente puerta que se nos abrió en el Rancho del Rey, en el condado de Kings, California. Llevamos allí casi 30 años.

CHIHUAHUA
MEXICO

CHIHUAHUA
MEXICO

CHIHUAHUA
MEXICO

CHIHUAHUA
MEXICO

TARAHUMARA
INDIANS MEXICO

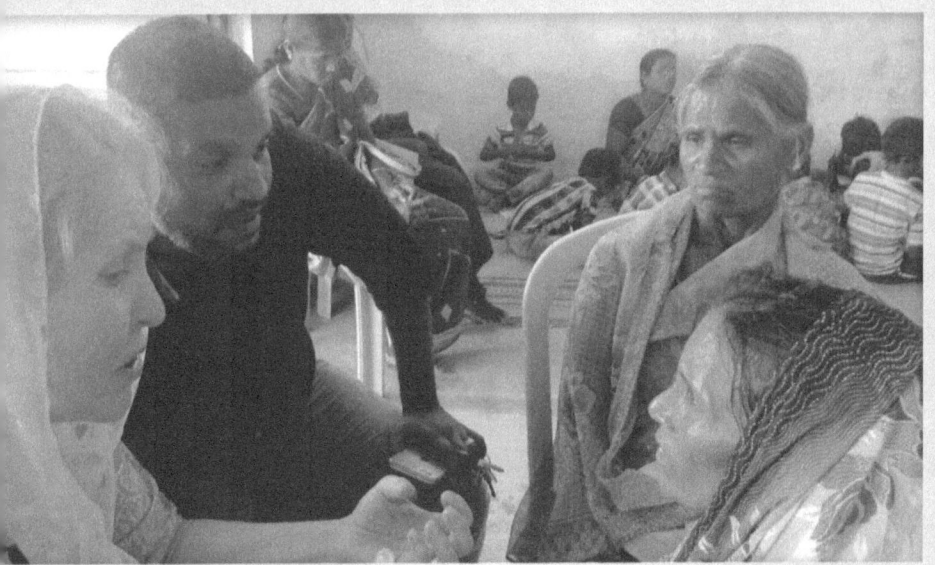

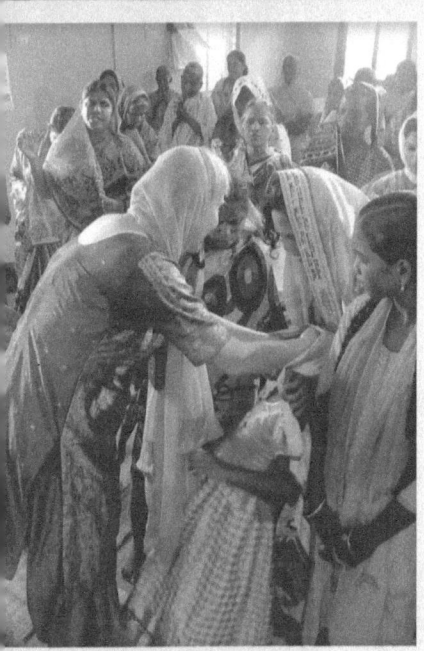

INDIA

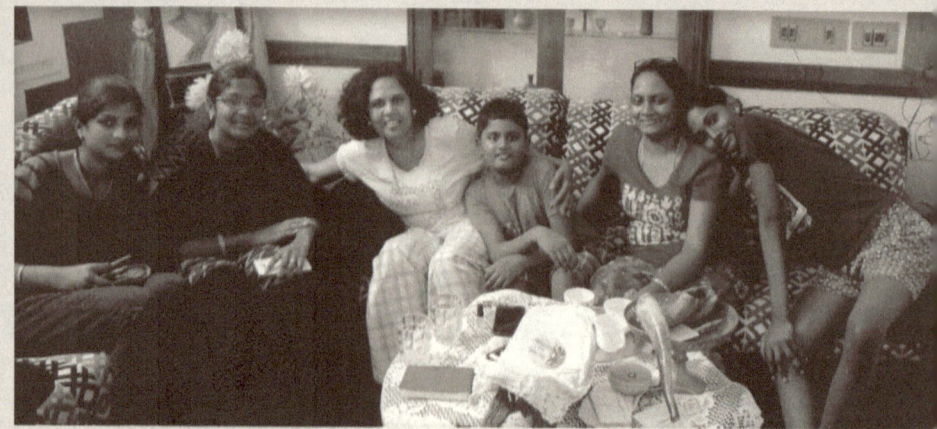

INDIA

India

En 2012, en una reunión de la iglesia cerca de Hanford, un ministro al que no conocía me profetizó que Dios iba a traer la India a nuestro ministerio. No sabía que traer la India a mí implicaba que la India me trajera a ella. Sus palabras me conmovieron profundamente y, poco después, comenzamos a conocer a diferentes ministros y cristianos indios.

Una de las personas que conocimos fue nuestra querida Hermana Minni, quien empezó a visitarnos con frecuencia. A principios de 2014, Minni trajo a su madre, de 78 años, desde la India para que viviera con ella en San José. La madre de Minni, también conocida como  "Mama", una maravillosa mujer de Dios y evangelista, encontró la comunión con nosotros en el Rancho del Rey y se quedaba durante semanas participando en la comunión, la oración, la intercesión y el ministerio personal. Mama pasó a la gloria en 2016. La historia de la gloria de Dios en su habitación del hospital, las visiones que se vieron y la hueste celestial que se manifestó cuando su espíritu partió es una historia asombrosa, pero deberá esperar a otra ocasión para ser contada.

Sin embargo, la carga de la India, el manto de Mama, recayó después sobre Minni y sobre mí. Dos años más tarde, en abril de 2018, durante un evento de adoración al aire libre en el Rancho del Rey, el Espíritu del Señor me postró sobre el suelo y me mostró que debía acompañar a Minni a la India, que viajaba allí al mes siguiente. Después de muchos preparativos, a principios de mayo, volamos a Chennai, India.

Durante nuestras cuatro semanas de ministerio en la
India, ministramos en varias iglesias, oramos con
personas de zonas remotas, visitamos hogares y
ayudamos con un programa de distribución de alimentos
de Isaías 58 a los "intocables", gitanos que viven en
barrios marginales, que pertenecen a la casta más baja
y no tienen educación.

El hermano de Minni nos organizó un encuentro con el
pastor Sesaron y sus padres, que también son pastores,
realizan actividades de evangelización en pueblos y
calles, y discipulan en su iglesia. Ministramos con ellos
en diferentes lugares. Sesaron me adoptó como su
segunda madre, empezó a llamarme "mamá" y se
convirtió con mucho gusto en mi intérprete en todos los
sitios a los que íbamos. Hoy, siete años después,
seguimos enviando ayuda mensual a su ministerio.

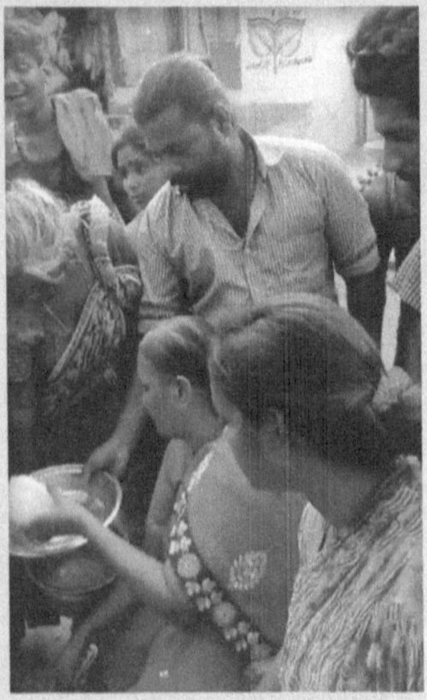

Milagros en la India

Jamie y yo fuimos invitados por el Dr. Rev. J. Sam Jebadurai, un reconocido y respetado pastor que fundó la Iglesia Elim Glorious, a su iglesia en la India. El Hermano Sam (como se le llamaba cariñosamente en la India) estaba decepcionado porque Jamie no había podido venir.

Esperaba que él predicara esa mañana y me había pedido que compartiera algo y orara por su congregación.

Conocimos al Hermano Sam en 2014, en una conferencia en San José, durante uno de sus viajes anuales a Estados Unidos. Él ministraba a congregaciones de habla tamil en todo el país y, aunque se sentía más cómodo hablando su lengua materna, el tamil, también hablaba bastante bien el inglés. El Hermano Sam era un hombre de Dios increíble, que predicaba con revelación y poder, quien además caminaba con mansedumbre y, para el año 2016, ya había completado las tareas que el Señor le había encomendado. Tuvo que superar enfermedades físicas que lo dejaron parcialmente lisiado, pero su fiel perseverancia en todas las cosas le valió la naturaleza de Jesús.

El Hermano Sam era como un padre para mí. No se encontraba bien en mayo de 2018, cuando me alojé con su familia, y solo unos meses después falleció.

Pero ese domingo, estando de pie en su púlpito, pude sentir la presencia de Dios. El Hermano Sam acababa de predicar y luego me invitó a compartir unas palabras con la congregación. Ofrecí un breve testimonio y algunas palabras de aliento, y me sentí impulsada a tocar el shofar para cambiar el ambiente. Aquella mañana, lo toqué con todas mis fuerzas.

Tal como me lo había pedido el Hermano Sam, invité a la gente para que se acercaran a orar.

En un primer momento, se acercaron unos pocos, y cuando puse mis manos sobre ellos, el poder de Dios fluyó y trajo liberación a sus vidas. Muchos lloraban, otros gritaban; la liberación, la libertad, la dignidad y el amor fluían en ellos. El altar se llenó de personas que buscaban la libertad y la nueva vida que Cristo estaba derramando generosamente sobre ellos.

Lo que Dios hizo ese día fue verdaderamente hermoso.
Cuando extendí mi mano hacia un hombre, antes incluso
de tocarlo, fue Dios quien lo hizo. El hombre cayó al
suelo, llorando ante la presencia de Dios y recibiendo la
libertad de Cristo. Muchos otros también cayeron al
suelo, llorando, abrumados por el poder de Dios.
Después, el Hermano Sam compartió lo profundamente
bendecido que se sentía al ser testigo de cómo su
pueblo recibía la libertad y la vida.

Terminé ese día con mucha gratitud hacia Dios.

En los días siguientes, mientras continuaba el ministerio
en la India, reflexioné sobre mis 57 años de vida y supe
que solo la gran gracia de Dios me había llevado hasta
allí. Era impensado estar ahí. Según todas las cuentas,
debería estar muerta, drogada o destrozada. Al recordar
mis primeros días, la tristeza de mi infancia, la rebeldía
de mi adolescencia y mi entrega final a Cristo, vi el hilo
del destino divino que se había tejido en mi vida. Y
quedó claro: había un propósito y tenía un comienzo.

> "El Espíritu de Jehová el Señor está sobre mí,
> porque me ungió Jehová; me ha enviado a
> predicar buenas nuevas a los abatidos, a
> vendar a los quebrantados de corazón, a
> publicar libertad a los cautivos, y a los presos
> apertura de la cárcel".
>
> — Isaías 61:1 (RVR 1960)

EL SALVADOR

EL SALVADOR

El Salvador

En 2024, estaba orando y preguntándole al Señor cuál sería mi próxima tarea. Escuché muy claramente: El Salvador. Esa misma mañana, mi querida amiga Cenia me envió un mensaje de texto preguntándome: "¿Cuándo vienes a El Salvador?". Inmediatamente sentí una fuerte confirmación de que era el Señor quien me hablaba. Busqué en Internet y encontré un boleto a un precio muy razonable. Sorprendentemente, el padre de mi nuera trabaja para esa aerolínea y se ofreció a ayudarme eximiéndome del pago del equipaje. Sentí como si Dios ya estuviera preparando el camino delante de mí.

En octubre llegué a El Salvador sin ningún plan en mente. Sin embargo, una vez allí, las puertas para el ministerio comenzaron a abrirse. No intenté forzar nada por mi cuenta, pero las conexiones con otros cristianos y pastores simplemente llegaron a mí, y era evidente que

Su mano guiaba mis pasos y la experiencia realmente se sintió como una cita divina.

Un día, paramos en una gasolinera para tomar un café y vi una Biblia en la caja registradora. Para mí, eso era una señal de que los propietarios eran cristianos. Mientras estábamos allí sentados, vi a un grupo de mujeres en la habitación contigua y supuse que se trataba de algún tipo de formación. Entonces entró un hombre, también con una Biblia, y entablamos conversación. Mi amiga Cenia le contó el trabajo ministerial que habíamos estado haciendo, y el hombre nos dijo: "Estoy aquí para ministrar a estas mujeres. Acaban de salir de prisión y ahora forman parte de un programa de rehabilitación. Una vez que lo completen, se les da la oportunidad de trabajar aquí, en la gasolinera". Ese día, el Señor me abrió una puerta que me permitió compartir Su amor con ese grupo de mujeres, cada una de ellas abatida y en busca de algo. Mientras les hablaba de cómo el amor de Dios sana a los abatidos de corazón, Su presencia llenó la habitación. Las mujeres comenzaron a llorar y estaba claro que el Espíritu Santo se movía poderosamente entre nosotros.

Ese encuentro fue uno de los momentos más destacados del viaje, aunque toda la estadía estuvo llena de sorpresas divinas. No había llegado a El Salvador con un plan, pero Dios sí lo tenía, y actuó con gran poder.

Más tarde, supe por los pastores de una iglesia local que habían recibido una palabra profética pocos días antes de mi llegada: alguien de Filipinas vendría con un mensaje del Señor para animarlos. Yo acababa de regresar de Filipinas y, al parecer, yo era esa mensajera. Dios me usó para pronunciar una palabra de afirmación y ánimo profético sobre sus vidas, y ese día nació algo nuevo en el Espíritu. Después de la oración, los pastores comenzaron a profetizar, lo cual era una experiencia nueva para ellos.

Este viaje a El Salvador me recordó una vez más que los planes de Dios a menudo están más allá de nuestro entendimiento. Cuando damos un paso de fe, incluso sin un plan claro, Él ya está preparando el camino, abriendo puertas, orquestando citas divinas y moviéndose poderosamente para traer sanidad y esperanza.

Me sentí humilde y agradecida por ser utilizada por Dios como un instrumento de Su amor y aliento, en cada lugar al que Él me lleva. Esta experiencia me reafirmó que, por muy incierto que sea el camino, la mano de Dios siempre nos guía, y Su Espíritu está listo para guiarnos cuando decimos "sí".

Que este testimonio inspire a otros a escuchar atentamente la voz de Dios, a confiar en Su tiempo y a estar dispuestos a seguirle dondequiera que les llame. Porque en Su plan perfecto, cada paso dado con fe trae nueva vida, nueva esperanza y nuevos comienzos.

Filipinas

A lo largo de los años, hemos tenido el honor de recibir a grupos de diversos lugares que han venido al Rancho del Rey en busca de renovación y un nuevo contacto con Dios. Entre ellos se encontraban July y Edwin, de las Filipinas, que se habían establecido en Los Ángeles años atrás. Visitaron el Rancho del Rey varias veces, reuniéndose para orar, adorar y compartir.

July tenía un fuerte deseo en su corazón de regresar a las Filipinas para fundar una casa de oración, por lo que vendieron todo y regresaron a las Filipinas.

Una vez allí, comenzaron la labor de construir una casa de oración. Amigos de Estados Unidos, especialmente Cameron y Mariela, compartían la misma visión y ofrecieron su apoyo de diversas maneras para ayudar a hacer realidad este sueño. Compraron una propiedad, la renovaron y comenzaron a organizar reuniones de oración con la comunidad local.

En mayo de 2024, Mariela y Cameron, amigos nuestros que nos presentaron a July y Edwin, y que sentían un fuerte llamado a ir a las Filipinas, lideraron un equipo en un viaje de 10 días a la isla de Negros, donde viven July y Edwin. Jamie y yo fuimos invitados a formar parte del equipo, pero Jamie no pudo ir debido a sus responsabilidades en casa. Durante nuestra estadía en las Filipinas, tuvimos la oportunidad de llevar a cabo actividades de evangelización y una cruzada con diversas iglesias y en diferentes zonas. Vimos cómo se tocaban vidas, se conmovían corazones y se unían comunidades en adoración y oración.

Cada miembro del equipo trajo dos maletas de Estados Unidos, una con cosas personales y otra llena de ropa y artículos para niños. Pudimos distribuir los artículos en las aldeas y fue un tiempo fructífero en la presencia de Dios. Ministramos a los niños, oramos por las mujeres y las familias, y fuimos testigos del poder de Dios, especialmente a través de la adoración y el ministerio de Cameron y Mariela. Su hija Sofía también se unió al viaje y ayudó a dirigir la adoración. Tenía tan solo 13 años, pero asumía una profunda responsabilidad para apoyar la misión: hizo pulseras a mano para recaudar fondos y entregar 100 cuadernos y bolígrafos a los niños. Distribuimos estos regalos a los niños de una remota aldea de montaña, y su alegría y gratitud fueron inolvidables.

July compartió algo especial conmigo: había colocado una fuente en su cuarto de oración como símbolo de su conexión con nuestro ministerio. Era un hermoso recordatorio del vínculo espiritual que sigue existiendo entre nosotros.

Al reflexionar sobre todos estos años, sobre los viajes, las amistades y la fidelidad de Dios, recuerdo que el ministerio nunca se limita a un lugar o un momento. Se trata de las conexiones que construimos, las semillas que sembramos y los ríos de vida que fluyen de un corazón a otro, a través de océanos y culturas.

PHILIPPINES
OFFICE OF THE MAYOR
CITY OF TALISAY

PHILIPPINES

JAPAN

ZAMBIA

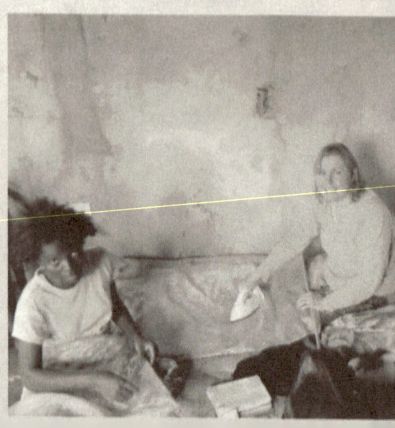

ZAMBIA

- Zambia

Por James Profet

En agosto de 2010, Jamie, Deborah Webb y yo volamos a Johannesburgo, Sudáfrica, para reunirnos con la hermana Felistus Nawa y para asistir a una conferencia de African Women's Aglow de cuatro días de duración, antes de volar a Lusaka, Zambia, para pasar el resto de nuestro viaje de tres semanas. Era la primera vez que pisábamos suelo africano y la primera vez que veíamos a Felistus después de tres años.

Felistus, ciudadana zambiana, pastora y evangelista, creció en aldeas y en las afueras rurales de Lusaka, en primitivas chozas de paja. Vivía en la pobreza, la ignorancia y el pecado, pero debido a un encuentro con Jesucristo cuando estaba a punto de morir, y luego, después de la muerte, al descender al infierno, clamó y reconoció sus pecados, se arrepintió de cada uno de ellos y encontró la misericordia que lleva a la salvación. En esa experiencia, le prometió al Señor que si Él le concedía misericordia, ella le serviría siempre. Él arrebató su espíritu de las puertas del infierno y le devolvió la vida.

Felistus cumplió su palabra y a menudo viajaba grandes distancias descalza, para poder proclamar a Cristo. En una ocasión, una madre se acercó a Felistus con su bebé recién fallecido en brazos y le dijo: «He oído que tu Dios es un Dios poderoso, mi bebé acaba de morir, devuélvele la vida». Felistus dudó en aceptar la petición, pero decidió confiar en Dios y oró durante horas. Tras varias horas de oración, el niño recuperó el aliento y, como hizo Eliseo con la sunamita, devolvió al niño vivo a su madre.

Conocimos a Felistus en mayo de 2000, cuando visitó Estados Unidos por primera vez. Un desconocido la vio en una iglesia de Los Ángeles y la invitó a una conferencia misionera que estaba organizando en el Rancho del Rey, nuestro ministerio. Al conocerla, nuestros corazones se unieron a Felistus y la presentamos a muchas personas que la ayudaron económicamente en su trabajo misionero y en su situación personal. Después de que regresara a Zambia en junio de 2000 y debido a sus primitivas condiciones de vida, no tuvimos comunicación con ella durante cinco años.

En 2005 pudo ponerse en contacto con nosotros y pudo volver a Estados Unidos para asistir a una conferencia de Women's Aglow. Viajó a California, donde se quedó con nosotros durante seis meses y ministramos juntos en muchas iglesias y reuniones. Volvió a Estados Unidos para la conferencia de Women's Aglow de 2007 y se quedó con nosotros dos meses. Cuando el consulado de Estados Unidos en Zambia le denegó la renovación de su visa en el 2009, decidimos ir a Zambia a verla.

En Zambia, Felistus nos llevó a diferentes zonas donde ministramos y oramos por la gente. En un evento de evangelismo en un complejo densamente poblado, mostró la «Película de Jesús» a un numeroso grupo y después oramos por la salvación y la restauración de quienes lo desearan. ¡Era tan inusual ver a «Jesús» en la película hablando nyanja, el dialecto local!

Tuvimos muchas experiencias con Felistus durante nuestra visita de tres semanas en Zambia. Cuando llegó el momento de regresar a casa, nos despedimos con tristeza y no hemos vuelto a ver a Felistus desde entonces. Sin embargo, ahora que Zambia tiene una red celular desarrollada, mantenemos una comunicación frecuente con ella para orar y apoyar financieramente su ministerio y sus actividades evangelísticas en Zambia.

Acerca de la autora

Diane Profet es una apasionada ministra, guerrera de la oración y sierva global, que se dedica a mejorar la vida de los más necesitados. Con un corazón arraigado en la compasión y una vocación de servicio, ha pasado muchos años viajando por todo el mundo, ofreciendo esperanza y fe a grupos, iglesias y personas que afronta dificultades. Ya sea a través de la ayuda práctica, la mentoría o la intercesión, Diane lleva la luz y el amor allá dondequiera que vaya. Su misión es sencilla: seguir sintiendo una profunda pasión por conocer a Dios y dedicar su tiempo al ministerio. Aunque solo llegara a una persona, Diane siente que igualmente valdría la pena. Ella comprende el verdadero impacto que puede tener una persona conectada con Dios.

Diane y su esposo, Jamie Profet, han dirigido el Rancho del Rey en Hanford, California, durante 30 años.

Un agradecimiento especial a Teresa Skinner.